Calle Kocht Omas Rezepte

Omas schnelle Küche

CALLE KOCHT Omas Rezepte

Omas schnelle Küche

Lieblingsgerichte ohne Schnickschnack

riva

Haffmann
SOLINGEN
GERMANY

Inhalt

Für etwas mehr Zeit

Eigentlich denke ich beim Schreiben dieser schnellen Rezepte mit Wehmut an meine Oma, meine Familie und meine Kindheit. Irgendwie musste immer alles schnell gehen. »Die Gäste haben doch keine Zeit, wir brauchen doch den Tisch für die Nächsten, gleich kommt die Hochzeit, wie lange dauert Tisch xy noch, was ist mit dem Bier?« Das Restaurant meiner Familie, mit dem ich aufgewachsen bin, hatte immer Vorrang.

Und dienstags war Ruhetag. »Mach schnell deine Hausaufgaben, wir wollen doch wegfahren.« Schnell, schnell, schnell vergeht die Zeit.

Auch wenn ihr euch für diese schnellen Rezepte entschieden habt, nehmt euch die Zeit fürs Kochen und Genießen.

Und »schnell« bedeutet nicht immer auch eine schnelle Kochzeit, denn das geht meist von allein. Gemeint ist die Zeit, die ihr für die Zubereitung benötigt.

Euer Calle

Sättigende Suppen

Omas Blitzsuppe! Wenn es richtig schnell gehen sollte, wurde diese Suppe gezaubert und es wurden damit Handwerker, Lieferanten oder einfach Freunde verköstigt. Denn wer Omas Haus betrat, der bekam auch etwas zu essen. Immer! Und oft diese leckere Suppe!

Käse-Lauch-Suppe mit Hackfleisch

ZUBEREITUNG:
CA. 30 MINUTEN
KOCHZEIT:
CA. 30 MINUTEN

ZUTATEN FÜR 4 PERSONEN:

3 Knoblauchzehen
2 Zwiebeln
2 EL Öl
500 g gemischtes Hackfleisch
1 Stange Lauch
Salz
Pfeffer
1 l Gemüsebrühe
300 g Schmelzkäse
200 g Crème fraîche
Muskatnuss

Knoblauch und Zwiebeln schälen. Den Knoblauch fein hacken und mit dem Öl in einem großen Topf anschwitzen. Die Zwiebeln in Streifen schneiden und zum Knoblauch geben.

Das Hackfleisch in den Topf geben, sorgfältig verrühren und ebenfalls anschwitzen.

Den Lauch waschen, putzen, in Ringe schneiden und zum Fleisch geben. Kurz mit anschwitzen und mit Salz und Pfeffer würzen.

Mit der Gemüsebrühe auffüllen und 15 Minuten köcheln lassen.

Den Schmelzkäse und Crème fraîche in die kochende Suppe geben und verrühren. Ab jetzt darf die Suppe nicht mehr kochen. Mit etwas Muskatnuss abschmecken.

Wenn im Herbst die Stühle und Tische der großen Terrasse auf den Dachboden geräumt wurden, mussten alle mit ran. Und oft war das Wetter auch schon richtig ungemütlich. Wie gut tat da diese Suppe, die sich fast von selbst kocht.

Deftige Kohlsuppe mit Weißkohl

ZUBEREITUNG: CA. 30 MINUTEN
KOCHZEIT: CA. 1 STUNDE

ZUTATEN FÜR 4 PERSONEN:
1 kleiner Weißkohl
1-2 Zwiebeln
600 g Rindergulasch
3 EL Öl
3 EL Tomatenmark
3 EL Salz
3 Karotten
1 TL Kümmel
1 TL Pfefferkörner
3 Nelken
2 Lorbeeren
500 g festkochende Kartoffeln
Pfeffer

Den Kohl halbieren, vierteln, den Strunk entfernen, noch mal halbieren und in kleine Stücke schneiden. Nach Belieben waschen. Die Zwiebeln schälen und in feine Streifen schneiden.

Das Fleisch in einem Topf mit etwas Öl scharf anbraten. Sobald das Fleisch etwas Farbe bekommen hat, die Zwiebeln dazugeben und mit anbraten. Jetzt Tomatenmark dazugeben und kurz anschwitzen.

Jetzt den Kohl in den Topf geben, leicht salzen und mit anschwitzen. Währenddessen die Karotten waschen, schälen, halbieren, in dünne Scheiben schneiden und ebenfalls mit in den Topf geben. So weit mit Wasser auffüllen, bis alles bedeckt ist.

Die Gewürze in ein Tee-Ei geben und mit in den Topf legen. Das Ganze köcheln lassen.

In der Zwischenzeit Kartoffeln waschen, schälen und würfeln. Nach 1 Stunde Kochzeit die Kartoffeln dazugeben und gar kochen.

Zum Schluss das Tee-Ei entfernen, je nach Bedarf die Suppe noch mal mit Salz und Pfeffer abschmecken und fertig ist die Kohlsuppe!

Ja, diese Suppe ist lecker, ohne Zweifel. Aber das Beste an dieser Suppe ist der festgebackene Käse an der besonders dicken Tasse nach dem Überbacken im Salamander. So heißt der kleine Ofen, der nur glühende Oberhitze kennt. Das geht natürlich im heimischen Backofen und mit Oberhitze auch.

Überbackene Zwiebelsuppe

ZUBEREITUNG:
CA. 20 MINUTEN
KOCHZEIT:
CA. 45 MINUTEN

ZUTATEN FÜR 4 PERSONEN:

1 kg Gemüsezwiebeln
1 dicke Knoblauchzehe
2 EL Pflanzenöl
2 EL Tomatenmark
2 EL mildes Paprikapulver
350 ml trockener Weißwein
1½ l Gemüsebrühe
1 EL Pfefferkörner
1 EL Fenchelsamen
1 EL Thymian
1 EL Oregano
Salz
1 EL Honig
4 Scheiben Toast
1 EL Butter
80 g geriebener Käse (nach Wahl) zum Überbacken
4 ofenfeste Suppenschüsseln

Die Zwiebeln schälen, halbieren und in feine Streifen schneiden. Knoblauch schälen und in feine Stücke schneiden. Öl in einen Topf geben und den Knoblauch darin anschwitzen.

Anschließend die Zwiebeln dazugeben und bei hoher Temperatur ebenfalls anschwitzen lassen. Das Tomatenmark und das Paprikapulver hinzufügen und mit anschwitzen.

Mit dem Weißwein ablöschen. Die Brühe hinzugießen. Die Gewürze in ein Tee-Ei geben und in die Suppe hängen. Salzen und den Honig einrühren. Etwa 45 Minuten köcheln lassen.

Den Ofen auf die höchste Stufe vorheizen und die Grillfunktion einschalten. Den Toast von der Rinde befreien und in Würfel schneiden.

In einer Pfanne die Butter zum Schmelzen bringen und die Toastwürfel hinzugeben. Dabei die Pfanne schwenken und die Würfel goldbraun braten lassen.

Die Zwiebelsuppe portionsweise in die Schüsseln füllen, die Croûtons darauf verteilen und den Käse darübergeben. Im Ofen goldgelb überbacken.

SOUP

Wenn Oma damals Gemüse geliefert bekam, waren auch immer frische Champignons dabei. Oma hat diese immer in dem gigantisch großen Spülbecken gewaschen. Dazu kam immer eine Handvoll Mehl. »Wozu, Oma?« Als Antwort kam: »Weil man das so macht!«

Champignoncremesuppe mit Croûtons

ZUBEREITUNG:
CA. 15 MINUTEN
KOCHZEIT:
CA. 15 MINUTEN

ZUTATEN FÜR 4 PERSONEN:

400 g Champignons
1 Zwiebel
30 g Butter plus
1 EL für die Croûtons
Salz
Pfeffer
400 ml Gemüsebrühe
400 g Sahne
4 Scheiben Toast
30 g Schnittlauch

Die Champignons putzen und vierteln. Die Zwiebel schälen und in feine Würfel schneiden.

Etwa 60 g der Pilzstücke in einem Topf mit der Butter anschwitzen und mit Salz und Pfeffer würzen. Danach die Pilze herausnehmen und beiseitestellen.

Im noch heißen Topf nun die gewürfelte Zwiebel anschwitzen. Auch hier wieder direkt mit Salz und Pfeffer würzen. Sobald die Zwiebelwürfel glasig sind, den Rest der Champignons dazugeben und mit anbraten. Wenn die Pilze ein wenig Farbe bekommen haben, Gemüsebrühe und Sahne angießen. Einmal aufkochen und etwa 10 Minuten köcheln lassen. Die Suppe mit einem Stabmixer pürieren und mit Salz und Pfeffer abschmecken.

Den Toast von der Rinde befreien und in Würfel schneiden. In einer Pfanne 1 EL Butter zum Schmelzen bringen und die Toastwürfel hinzugeben. Dabei die Pfanne schwenken und die Würfel goldbraun braten lassen.

Den Schnittlauch waschen, trocken schütteln und in Röllchen schneiden. Die Suppe mit den zuvor beiseitegestellten Champignons als Einlage und obendrauf mit den Croûtons und den Schnittlauchröllchen bestreut servieren.

Schnelle fleischlose Gerichte

Wir kommen von der Geest und da gibt es Kartoffeln. Viele Kartoffeln. Und dass ein Reisgericht gekocht wurde, war eher die Ausnahme. Jedoch gab es einige Gerichte in Omas Restaurant mit Reis. Der wurde jeden Tag gekocht, abgegossen und kalt abgespült. Er war also immer da und der Rest dieser Reispfanne ist einfach.

Gemüse-Reis-Pfanne

ZUBEREITUNG:
CA. 15 MINUTEN
KOCHZEIT:
CA. 30 MINUTEN

ZUTATEN FÜR 4 PERSONEN:

500 g Langkornreis
Salz
1 Zwiebel
2 Auberginen
1 Zucchini
1 Paprikaschote
100 g Kirschtomaten
100 g Zuckerschoten
2 Knoblauchzehen
1 Peperoni
2 EL Olivenöl
Pfeffer
2 TL Oregano
200 g Feta

Den Reis in 2 l gesalzenem Wasser in 20 Minuten gar kochen und abgießen. In einem Sieb mit Wasser kalt abspülen und abtropfen lassen.

Die Zwiebel schälen und würfeln. Die Auberginen und die Zucchini waschen und gleichmäßig würfeln. Die Paprikaschote waschen, halbieren, entkernen und ebenfalls würfeln. Die Tomaten waschen und halbieren. Die Zuckerschoten waschen und putzen. Alles Gemüse getrennt voneinander beiseitestellen.

Den Knoblauch schälen und ebenso wie die Peperoni fein würfeln und in einer Pfanne mit dem Olivenöl anschwitzen. Dann erst die Zwiebelwürfel und etwas Salz dazugeben. Sobald sie Farbe annehmen, nach und nach das andere Gemüse der Härte nach mit in die Pfanne geben und anschwitzen: Zuerst Paprikaschote, dann Zucchini, dann Auberginen, dann Zuckerschoten und zum Schluss die Tomaten.

Dabei jedes Gemüse einzeln für 2–3 Minuten anschwitzen. Das Ganze mit Pfeffer würzen. Den gekochten Reis dazugeben, mit Oregano abschmecken und einmal anbraten lassen.

Zum Schluss noch den Feta über den Reis krümeln und servieren.

Wer glaubt, dass dieses Gericht neu ist und immer aus Tiefkühlpackungen stammt, irrt gewaltig. Leipziger Allerlei ist ein uraltes Rezept aus Zeiten, als es noch genügend Morcheln zu finden und jede Menge Flusskrebse zu fangen gab. Deshalb verwundert heute die Krebsbutter etwas.

Leipziger Allerlei

ZUBEREITUNG:
CA. 15 MINUTEN
KOCHZEIT:
CA. 30 MINUTEN

ZUTATEN FÜR 4 PERSONEN:

20 g getrocknete Morcheln
1 Kohlrabi
100 g Karotten
100 g Sellerie
10 Stangen Spargel
50 g Blumenkohl
100 g Erbsen (TK)
1 Zwiebel
30 g Butter
Salz
Pfeffer
Muskatnuss
2 EL Krebsbutter
2 Eigelb

Die Morcheln mit kaltem Wasser einweichen. Kohlrabi, Karotten und Sellerie waschen, schälen und in Würfel schneiden. Das Gemüse getrennt voneinander beiseitestellen. Spargel schälen, die holzigen Enden abschneiden und in gleichmäßige Stücke schneiden. Den Blumenkohl in kleine Röschen teilen.

In einem Topf leicht gesalzenes Wasser zum Kochen bringen und darin das vorbereitete Gemüse und die Erbsen sortenrein nacheinander blanchieren. Dabei immer das gleiche Kochwasser benutzen. So wird dieses immer kräftiger und das Gemüse laugt insgesamt nicht so stark aus.

Sind die Gemüse auf den Punkt vorgekocht, herausnehmen und kurz in Eiswasser abschrecken. Hierbei darauf achten, dass das Gemüse nicht zu lange im kalten Wasser liegt, damit es nicht auslaugt und unnötig Geschmack verliert.

WICHTIG: Das Blanchierwasser nicht wegschütten. Es wird gleich noch benötigt und dient auch als super Grundlage für andere Brühen, Eintöpfe etc.

Die Zwiebel schälen und fein würfeln. In einer großen Pfanne die Zwiebelwürfel mit Butter anschwitzen. Das Gemüse und die Morcheln dazugeben. Mit Salz, Pfeffer und Muskatnuss würzen und die Krebsbutter dazugeben, verrühren und 3 Minuten köcheln lassen.

Damit das Allerlei auch noch etwas Soße bekommt, in einer kleinen Schüssel Eigelb mit der gleichen Menge Blanchierwasser (Verhältnis 1 : 1) verquirlen. In die Pfanne geben und verrühren. Dabei darauf achten, dass das Gemüse nicht mehr kocht. So legiert man das Gericht und fertig ist das Leipziger Allerlei nach Omas Rezept!

TIPP:
Beim Blanchieren mit den hellen Gemüsesorten beginnen. Sonst könnte der Spargel durch die Karotten verfärben. Für eine vegetarische Variante einfach die Krebsbutter weglassen.

Bei Oma gab es fast zu jedem Gericht der Speisekarte einen gemischten Salat. Oma war es dabei wichtig, dass jede Sorte Salat ein einzelnes Gericht war. Und es musste schön bunt aussehen. So gab es neben Wachsbohnensalat, Möhrensalat, Gurken- und Krautsalat eben auch diesen Rotkohlsalat.

Schneller Rotkohlsalat mit Walnüssen

ZUBEREITUNG: CA. 25 MINUTEN

ZUTATEN FÜR 4 PERSONEN:

1 kleiner Rotkohl
Salz
3 EL Honig
ca. 4 EL weißer Balsamicoessig
Pfeffer
2 EL Walnussöl
1 Handvoll rote Trauben

Für die karamellisierten Nüsse:

2 EL Honig
80 g Walnusskerne

Den Rotkohl vierteln und vom Strunk befreien und in sehr feine Streifen schneiden. Nach Belieben waschen. Kräftig salzen. Durchrühren und kräftig kneten und für etwa 10 Minuten durchziehen lassen.

Das Rotkohlwasser, das sich dabei bildet, abschütten.

Nun den Honig und den Essig zum Rotkohl geben, pfeffern und etwas Walnussöl hinzugeben. Nochmals abschmecken. Die Trauben waschen, halbiren und zu dem Salat geben.

Den Honig für die karamellisierten Nüsse in einer Pfanne erhitzen und leicht karamellisieren. Achtung: nicht verbrennen lassen, es wird superheiß! Die Walnüsse hinzugeben und sofort durchschwenken. Sollte der Honig zu fest werden, einfach wieder erwärmen.

Den Rotkohlsalat auf Tellern anrichten und mit karamellisierten Walnüssen bestreut servieren.

TIPP:
Der Salat wird noch besser, wenn er über Nacht durchziehen kann.

Wenn der Laden brummte, wie Opa immer sagte, dann musste es besonders schnell gehen in der Küche. Und zu manchen Bratenplatten gab es diese Serviettenklöße. Die schwammen immer im siedenden Wasser auf dem Kohleherd und waren schnell heiß angerichtet. War das damals schon Fast Food?

Laugenknödel in der Serviette

ZUBEREITUNG:
CA. 15 MINUTEN
KOCHZEIT:
CA. 30 MINUTEN

ZUTATEN FÜR 4 PERSONEN:

350 g altbackenes Laugengebäck
1 Zwiebel
etwas Öl zum Anbraten
200 ml Milch
Muskatnuss
Salz
Pfeffer
30 g Schnittlauch
1 Ei

Das Laugengebäck in nicht zu kleine Stücke schneiden und in eine Schale geben. Die Zwiebel schälen, in feine Würfel schneiden, mit etwas Öl glasig anschwitzen und zu den Laugenwürfeln geben. Milch in einem Topf erwärmen und mit Muskatnuss, Salz und Pfeffer würzen.

In der Zwischenzeit leicht gesalzenes Wasser in einem großen Topf zum Kochen bringen. Sobald die Milch warm ist, über das Laugengebäck gießen. Schnittlauch waschen, trocken schütteln, klein schneiden und mit zur Laugenmasse geben. Das Ei verquirlen und unter die Masse heben. Das Ganze locker verrühren.

Anschließend die Masse auf ein ausgespültes Geschirrtuch legen, zusammenrollen, auf einer Seite mit Küchengarn verschließen und zu einer Wurst pressen. Nun die andere Seite fest verschließen.

Diese Wurst nun im heißen Wasser etwa 30 Minuten sieden lassen. Das Wasser sollte dabei nur noch leicht köcheln.

Die Rolle herausnehmen, das Küchengarn an den Enden aufschneiden und vorsichtig aufrollen. Jetzt kann man Scheiben herunterschneiden und fertig sind die Serviettenknödel!

TIPP:

Zu diesen Knödeln passen sehr gut Pilze in einer Schnittlauch-Sahne-Soße. Dazu 25 g Butter und 30 g Mehl anschwitzen und mit einem ½ l Sahne zu einer Bechamel verkochen. Mit Salz, Pfeffer und Muskat abschmecken und eine Handvoll Schnittlauchröllchen dazugeben. Übrigens kann man die Scheiben der Serviettenknödel am nächsten Tag noch mit Butter anbraten und so wiedererwärmen.

Sehr selten wurde dieses Gericht bestellt und wenn, dann meist spät am Abend, wenn die Küche eigentlich schon zu war, aber Gäste noch etwas zu essen wünschten. Es ging halt schnell. Spannend immer der Moment, wenn die Petersilie mit lautem Getöse ins heiße Fett der Fritteuse kam. Knusprig und leicht gesalzen unglaublich lecker.

Gebackener Camembert mit krosser Petersilie

**ZUBEREITUNG:
CA. 10 MINUTEN
KOCHZEIT:
CA. 15 MINUTEN**

**ZUTATEN FÜR
4 PERSONEN:**

4 Camembert
1 Ei
Salz
Pfeffer
50 g Mehl
50 g Paniermehl
Öl zum Frittieren

Für die Beilage:

20 g krause Petersilie
4 EL Preiselbeeren aus dem Glas
Salz
Fritteuse (nach Belieben)

Die Camemberts vierteln. Das Ei verquirlen und salzen und pfeffern. Eine Panierstraße aufbauen: Erst Mehl, dann Ei und zum Schluss das Paniermehl.

Den Käse zunächst im Mehl wenden und abpudern. Dann durch das Ei ziehen und anschließend mit dem Paniermehl ummanteln.

Diese Schritte wiederholen. Das heißt, den vorpanierten Käse noch einmal durch Mehl, Ei und Paniermehl ziehen. So alle Käsestücke panieren.

In einem Topf das Frittierfett auf etwa 170 °C erhitzen oder besser noch eine Fritteuse verwenden. Das Öl im Topf ist heiß genug, wenn an einem hineingesteckten Holzlöffelstiel Bläschen aufsteigen.

Portionsweise den Käse goldgelb frittieren, spätestens wenn der Käse beginnt, aus der Panade zu laufen, aus dem Fett nehmen. Auf einem Papiertuch abtropfen lassen und warm halten, bis alle Portionen frittiert sind.

Wer möchte, kann nun noch Petersilie frittieren. Hierzu die Petersilie waschen, gut trocken schütteln und die Blätter abzupfen. Vorsichtig (es spritzt) in das heiße Fett geben. Nach kurzer Zeit wieder herausnehmen und auf Küchenpapier abtropfen lassen. Die Petersilie salzen und anschließend locker über dem Käse verteilen.

Zusammen mit Preiselbeeren servieren.

Ich liebe sie noch heute, diese verlorenen Eier. Sie sind zwar nicht immer gleichmäßig, und hübsch ist vielleicht auch übertrieben. Aber sie sind halt einfach lecker und machen beim Essen keine Arbeit. Und warum alle meine Freunde einen großen Bogen um Spinat machten, habe ich nie verstanden.

Verlorene Eier in Käsesoße auf Spinat

ZUBEREITUNG: CA. 15 MINUTEN
KOCHZEIT: CA. 30 MINUTEN

ZUTATEN FÜR 4 PERSONEN:

Für die Soße:
25 g Butter
30 g Mehl
250 ml Milch
250 g Sahne
Salz und Pfeffer
Muskatnuss
75 g Edamer

Für den Spinat:
500 g Spinat
2 Knoblauchzehen
1 Zwiebel
50 g Butter
Salz und Pfeffer

Für die verlorenen Eier:
50 ml Weinessig
8 Eier

Für die Soße die Butter in einem Topf schmelzen und anschließend das Mehl dazugeben und mit einem Schneebesen verrühren. Jetzt nach und nach die Milch dazugeben und stetig rühren, bis eine homogene Masse entsteht. Mit der Sahne auffüllen und nochmals glatt rühren. Das Ganze mit Salz, Pfeffer und Muskatnuss abschmecken. Aufkochen und in der Zwischenzeit den Käse reiben. Sobald die Soße kocht, den Käse dazugeben, umrühren und warm halten.

Den Spinat von groben Stielen befreien, waschen und abtropfen lassen. In der Zwischenzeit den Knoblauch und die Zwiebel schälen und fein würfeln.

Die Butter für den Spinat in einer Pfanne schmelzen, Knoblauch dazugeben, dann die klein geschnittene Zwiebel mit dazu, alles mit Salz und Pfeffer würzen und dann den Spinat darüber verteilen. Den Deckel auf die Pfanne legen und den Spinat auf kleiner Hitze im eigenen Saft schmoren lassen.

In einem weiteren Topf Wasser zum Kochen bringen, Essig dazugeben und durch starkes Umrühren einen Strudel im Wasser entstehen lassen. Wenn man die Eier in das Wasser gibt, darf es nur noch köcheln. Die Eier einzeln in eine Tasse aufschlagen und in das wirbelnde Wasser gleiten lassen. 3 4 Minuten ziehen lassen, mit einem Schaumlöffel herausnehmen und fertig sind die verlorenen Eier.

Jetzt in kleinen Schalen den Spinat mit den Eiern und der Käsesoße anrichten und fertig ist das Gericht.

Diese Tomatensoße ist der eigentliche Star. In einem großen Topf auf einer Ecke des riesigen Kohleofens kochte die Tomatensoße viele Stunden und wurde erst kurz vor dem Abendgeschäft durch die Flotte Lotte gestrichen und für verschiedene Gerichte bereitgehalten. Hier zeige ich eine schnelle Version.

Nudeln mit Tomatensoße

ZUBEREITUNG:
CA. 20 MINUTEN
KOCHZEIT:
CA. 15 MINUTEN

ZUTATEN FÜR 4 PERSONEN:

Für die Soße:
2 Knoblauchzehen
1 Zwiebel
2 EL Olivenöl
Salz
Pfeffer
1 Prise Zucker
2 Zweige Basilikum
500 ml stückige Tomaten (aus der Dose)
1 TL Oregano

600 g Nudeln (nach Wahl)

Zum Servieren:
etwas Basilikum
frisch geriebener Parmesan

Für die Soße Knoblauch und Zwiebel schälen, fein würfeln, in einer Pfanne mit dem Olivenöl anschwitzen und mit Salz, Pfeffer und Zucker würzen. Das Basilikum waschen, trocken schütteln und fein schneiden. Sobald alles angeschwitzt ist, die stückigen Tomaten, Oregano und Basilikum dazugeben und sanft köcheln lassen.

In der Zwischenzeit reichlich Wasser aufkochen, salzen und die Nudeln nach Packungsanleitung auf den Punkt kochen.

Sobald die Nudeln fertig sind, diese in einem Sieb abgießen. Zusammen mit der Soße auf einem Teller anrichten. Zum Schluss mit frischem Basilikum und Parmesan garnieren und fertig sind die Nudeln mit Tomatensoße!

Das Verhältnis zwischen meiner Oma und ihren vegetarischen Gästen konnte man als angespannt bezeichnen. Nur dass die Gäste nichts davon wussten. Hinter den geschlossenen Küchentüren wurde gern mal über diese »Extrawürstler« geschimpft. Doch dieses schnelle und leicht zu kochende Gericht beruhigte dann so manche Woge.

Vegetarische Bolognese vom Spargel

ZUBEREITUNG:
CA. 15 MINUTEN
KOCHZEIT:
CA. 30 MINUTEN

ZUTATEN FÜR 4 PERSONEN:

400 g getrocknete Bandnudeln
1 Bund grüner Spargel
1 Bund weißer Spargel
50 g Lauch
3 Knoblauchzehen
1 Zwiebel
2 EL Pflanzenöl
60 g Sellerie
2 Karotten
Salz
1 TL Oregano
1 EL Honig
400 ml stückige Tomaten (aus der Dose)
Pfeffer
2 EL geriebener Parmesan

Die Bandnudeln nach Packungsanleitung zubereiten.

Die holzigen Enden des Spargels abschneiden, den weißen Spargel schälen und beide Spargelsorten in gleichmäßige Stücke schneiden. Lauch putzen, waschen und in Ringe schneiden. Knoblauch und Zwiebel schälen und würfeln. Den Knoblauch mit etwas Pflanzenöl anschwitzen und nach kurzer Zeit die Zwiebelwürfel dazugeben und mit anschwitzen.

Währenddessen Sellerie und Karotten waschen, schälen, mit einer Küchenreibe grob reiben und anschließend zu den Zwiebeln geben.

Leicht salzen, so ziehen wir etwas Flüssigkeit aus dem Gemüse und können es so besser und ohne Farbe anschwitzen. Den Lauch dazugeben.

Nun auch den Spargel, sowohl den grünen als auch den weißen, mit in die Pfanne geben. Mit Oregano würzen und den Honig dazugeben.

So lange köcheln lassen, bis die Flüssigkeit verdunstet ist und es anfängt zu brutzeln. Zum Schluss noch die stückigen Tomaten dazugeben, einmal unterheben und 5 Minuten köcheln lassen. Salzen und pfeffern.

Die Spargel-Bolognese mit Bandnudeln und Parmesan servieren.

Grandiose Gemüserezepte

Ein weiterer Salat von Omas gemischtem Salatteller. Fein, saftig und lecker. Doch leider wurde er so manches Mal ignoriert, wenn die Gäste den Kümmel in ihm sahen. Unser damaliger Koch Ernst aus Österreich hat ihn immer so gemacht und ließ sich durch die Ignoranten nicht beirren. Und so blieb es.

Schneller Krautsalat

ZUBEREITUNG:
CA. 20 MINUTEN

ZUTATEN FÜR
4 PERSONEN:

1 Spitzkohl
2 Zwiebeln
1 EL Zucker
Salz
Pfeffer
30 g durchwachsener Speck
1 TL Kümmel
3 EL Essig
3 EL Öl

Den Spitzkohl waschen, vierteln, den Strunk entfernen und gleichmäßig in dünne Streifen schneiden. Die Zwiebeln schälen, ebenfalls klein schneiden und zum Kohl geben. Jetzt Zucker, kräftig Salz und Pfeffer dazugeben und das Kraut gut durchkneten. Nach 10 Minuten Ruhezeit nochmals kräftig durchkneten.

Den Speck möglichst fein würfeln. In einer trockenen Pfanne den Kümmel rösten und zum Krautsalat geben. In der gleichen Pfanne nun den Speck anbraten.

Zwischendurch noch einmal den Krautsalat kneten. Jetzt das Kraut mit Essig und Öl abschmecken und den gebratenen Speck ebenfalls mit dazugeben.

Das Ganze nun verrühren und fertig ist der Krautsalat!

TIPP:
Der Speck lässt sich einfacher würfeln, wenn er etwas angefroren ist.

In einigen Rezepten werden gekochte Erbsen wie bei einer Erbsensuppe für Erbsenpüree genutzt. Bestimmt lecker, aber dieses Erbsenpüree mit den grünen Erbsen sieht viel schöner und appetitlicher aus. Heute gerne gegessen zu einem Eisbein, als Kind jedoch nur mit einem Rührei.

Erbsenpüree

ZUBEREITUNG:
CA. 15 MINUTEN
KOCHZEIT:
CA. 25 MINUTEN

ZUTATEN FÜR 4 PERSONEN:

400 g mehligkochende Kartoffeln
1 Zwiebel
60 g Butter
Salz
250 g Erbsen (TK)
200 g Sahne
1 TL Liebstöckel
1 Prise Zucker
Muskatnuss

Die Kartoffeln waschen, schälen, grob würfeln und in Salzwasser in etwa 20 Minuten gar kochen.

Zwiebel schälen, fein würfeln und in einem kleinen Topf mit der Butter und etwas Salz leicht anschwitzen. Hierbei darauf achten, dass die Zwiebelwürfel keine Farbe annehmen.

Die Erbsen dazugeben und die Sahne hinzugießen. Einmal aufkochen lassen und den Liebstöckel hineingeben. Die Erbsen gar kochen. Das dauert meistens aber nicht länger als 5 Minuten. Sobald die Erbsen gar sind, mit einem Stabmixer pürieren.

Die Kartoffeln zerstampfen. Jetzt nur noch die Erbsensahne mit dem Kartoffelstampf vermengen und mit Zucker und Muskatnuss abschmecken. Fertig ist das Erbsenpüree!

Wie schon beschrieben, musste es in Omas Küche immer schnell gehen. Die Gäste waren ungeduldig und hungrig auf der Heimfahrt von Cuxhaven. Und so ein schnelles Pfannengemüse war da genau richtig. Oft wurden bei einer Bestellung gleich vier oder fünf Portionen gekocht. Und nie blieb etwas übrig.

Paprikagemüse in Sahne

ZUBEREITUNG:
CA. 10 MINUTEN
KOCHZEIT:
CA. 10 MINUTEN

ZUTATEN FÜR 4 PERSONEN:

1 rote Zwiebel
2 EL Pflanzenöl
Salz
Pfeffer
1 Prise Zucker
4 Spitzpaprika
200 g Sahne
½ TL Safranfäden
2 Zweige frischer Estragon

Die Zwiebel schälen, in feine Würfel schneiden und in einer Pfanne mit dem Öl anschwitzen. Direkt mit Salz, Pfeffer und Zucker würzen.

Die Paprikaschoten waschen, halbieren, Kerne entfernen, in gleichmäßig große Stücke schneiden und mit in die Pfanne geben. Den Herd jetzt auf die höchste Stufe stellen. Sobald es anfängt zu brutzeln, mit Sahne ablöschen und den Safran dazugeben. Die Sahne so weit einkochen lassen, bis eine Bindung entsteht.

In der Zwischenzeit den Estragon waschen, trocken schütteln und die Blätter vom Stiel zupfen. Unter das Paprikagemüse heben. Fertig ist das Paprikagemüse! Dazu passen Nudeln oder Reis.

Ein Gericht, welches nur für uns gekocht wurde und es nie ins Restaurant geschafft hat. Eigentlich ein Essen vom Pfingstmarkt, der in unserem Dorf immer groß gefeiert wurde. Oma meinte, sie könnte es genauso gut kochen. Das war allerdings untertrieben.

Champignonpfanne mit Knoblauchdip

ZUBEREITUNG:
CA. 10 MINUTEN
KOCHZEIT:
CA. 10 MINUTEN

ZUTATEN FÜR 4 PERSONEN:

1 Zwiebel
1 Knoblauchzehe
2 EL Pflanzenöl
600 g Champignons
Salz
Pfeffer
1 Zweig Thymian
1 Zweig Rosmarin

Für den Dip:

100 g Joghurt
100 g Quark
1 Knoblauchzehe
20 g Schnittlauch
20 g Petersilie
Salz
Pfeffer
1 EL Leinöl

Weißbrot zum Servieren

Zwiebel und Knoblauch schälen und in feine Würfel schneiden. Das Pflanzenöl in einer Pfanne erhitzen und zunächst den Knoblauch, dann die Zwiebel darin anschwitzen.

Pilze putzen, halbieren und ebenfalls in die Pfanne geben. Salzen und pfeffern. Den Rosmarin und Thymian hinzugeben und die Pilze 10 Minuten garen lassen.

Für den Dip Joghurt und Quark miteinander vermischen. Knoblauch schälen und fein hacken. Den Schnittlauch waschen, trocken schütteln und sehr fein schneiden. Die Petersilie ebenfalls waschen, trocken schütteln und fein hacken. Die Kräuter zusammen mit dem Knoblauch zum Dip hinzugeben.

Salzen und pfeffern. Einen Schuss Leinöl hinzugeben und vermengen. Zusammen mit den Pilzen und etwas Weißbrot servieren.

Bei uns gab es immer Bratkartoffeln. Wirklich immer und zu jeder Tageszeit. Omas Speisekarte war praktisch darauf aufgebaut. Und immer wurden die Kartoffeln dafür als Pellkartoffeln vorgekocht. Doch manchmal wurden mehr gebraucht. Meistens kurz vor Feierabend! Und dann kam diese schnelle Variante ins Spiel.

Bratkartoffeln aus rohen Kartoffeln

ZUBEREITUNG:
CA. 10 MINUTEN
KOCHZEIT:
CA. 15 MINUTEN

ZUTATEN FÜR 4 PERSONEN:

600 g festkochende Kartoffeln
3 EL Pflanzenöl
Salz
Pfeffer
80 g Speck
1 Zwiebel

Die Kartoffeln gründlich waschen und schälen (oder nach Belieben mit der Schale verarbeiten). In gleichmäßige dünne Scheiben schneiden. In einer großen Pfanne Pflanzenöl bei mittlerer Temperatur erhitzen.

Die Scheiben nebeneinander, möglichst nicht überlappend, in die Pfanne legen und mit Salz und Pfeffer würzen. Um die Kartoffeln schneller und gleichmäßig zu garen, einen Schluck Wasser hinzugeben, sodass die Kartoffeln mit Wasser benetzt sind. Einen Deckel auf die Pfanne geben und köcheln lassen.

Nach etwa 4 Minuten die Kartoffelscheiben durchschwenken und weitergaren lassen. Sind die Kartoffelscheiben deutlich vorgegart, den Deckel entfernen.

Den Speck fein würfeln. Ist das Wasser fast verdampft, den Speck mit in die Pfanne geben.

Ist das Wasser gänzlich verdampft, fangen die Kartoffeln an zu braten. Die Scheiben wieder durchschwenken, damit sie gleichmäßig knusprig anbraten können.

Die Zwiebel schälen, in feine Würfel schneiden und zu den Bratkartoffeln geben. Alles noch mal mit Salz und Pfeffer würzen.

Als Oma die ersten gelernten Köche einstellte, veränderte sich auch das Angebot, weil jeder Koch neue Ideen und Erfahrungen mitbrachte. Einer, der deutliche Spuren hinterließ, war Ernst. Seine österreichische Kochkunst war umwerfend und die Kartoffelkrapfen bei uns im Dorf schon fast eine Sensation.

Knusprige Kartoffelkrapfen

ZUBEREITUNG:
CA. 20 MINUTEN
KOCHZEIT:
CA. 30 MINUTEN

ZUTATEN FÜR
4 PERSONEN:

750 g mehligkochende Kartoffeln
Salz
50 g Butter
200 g Mehl
4 Eier
Muskatnuss
weißer Pfeffer
1 TL Backpulver
1 l Pflanzenöl zum Frittieren
Fritteuse (nach Belieben)

Die Kartoffeln waschen, schälen, in Stücke schneiden und in Salzwasser in etwa 20 Minuten gar kochen. In der Zwischenzeit 250 ml Wasser in einem Topf zusammen mit der Butter erhitzen. Sobald die Butter komplett geschmolzen ist, das ganze Mehl dazugeben. So lange rühren, bis eine homogene Masse entstanden ist und sich vom Topfboden löst.

Diesen Brandteig jetzt in eine Schüssel umfüllen und etwas abkühlen lassen. Anschließend ein Ei nach dem anderen dazugeben und verrühren.

Die Kartoffeln abgießen, zu einem Brei stampfen und zum Brandteig geben. Hier noch nicht umrühren. Muskatnuss, weißen Pfeffer und Backpulver dazugeben. Jetzt alles zu einem glatten Teig verarbeiten.

Öl in der Fritteuse oder einen Kochtopf auf 175 °C erhitzen. Mit 2 Esslöffeln Flocken aus dem Teig formen, in die heiße Fritteuse bzw. Topf geben und Krapfen goldgelb frittieren.

TIPP:
Immer nur ein Ei zum Teig geben, komplett verrühren und dann erst das nächste Ei, sonst trennt sich der Teig.

Ich habe es schon einmal erwähnt: Oma kannte keine Vegetarier. Es gab für sie nur Gäste, die kein Fleisch wollten. Und für die war damals der typische Gemüseteller vorhanden. Diese schnellen Gemüseschnitzel waren aber der Anfang von einer späteren größeren Auswahl an vegetarischen Gerichten.

Gemüseschnitzel

ZUBEREITUNG:
CA. 15 MINUTEN
KOCHZEIT:
CA. 15 MINUTEN

ZUTATEN FÜR 4 PERSONEN:

1 Steckrübe
Salz
Zucker
80 g Mehl
2 Eier zum Panieren
Paprikapulver
½ TL Chilipulver
½ TL Pfeffer
80 g Panko (japanisches Paniermehl)
Pflanzenöl

Die Steckrübe waschen, halbieren und dann mit einem Gemüsemesser vorsichtig schälen. In etwa 1 cm dicke gleichmäßige Scheiben schneiden.

Wasser in einem Topf leicht salzen und zuckern und aufkochen. Durch das Salzen und Zuckern verhindert man das Auslaugen beim Blanchieren. Die Steckrübenscheiben etwa 8 Minuten vorgaren.

Aus dem Topf nehmen und zum Abschrecken in kaltes Wasser geben. Herausnehmen, auf Küchenpapier abtropfen und weiter abkühlen lassen.

Eine Panierstraße aufbauen: Mehl auf einen Teller geben. Die Eier mit Paprikapulver, Chili, Salz und Pfeffer würzen und verquirlen. Panko ebenfalls auf einen Teller geben.

Die Steckrübenscheiben einzeln zunächst im Mehl wenden und überschüssiges Mehl abschütteln. Durch die Eier ziehen und anschließend mit dem Panko panieren.

In einer Pfanne Pflanzenöl erhitzen und die Schnitzel bei nicht zu hoher Temperatur langsam goldgelb backen lassen. Aus der Pfanne nehmen, auf Küchenpapier abtropfen lassen und warm servieren.

Dazu passen die Knoblauchcreme oder auch die Remoulade aus den folgenden Rezepten.

TIPP:
Die gewaschene Schale der Steckrübe einfrieren und für eine Gemüsebrühe verwenden. Auch Knollensellerie eignet sich als Schnitzel hervorragend.

Diese Knoblauchcreme wurde praktisch zu allem gereicht, denn sie hielt sich zwei Tage im Kühlschrank. Sie wurde damals mit der großen Aufschlagmaschine für Sahne zubereitet. Das war gefährlich für die Köche! Denn Oma brauchte die Maschine für ihre Torten, und zwar ohne Knoblauchgeschmack.

Knoblauchcreme ohne Ei

**ZUBEREITUNG:
CA. 5 MINUTEN**

**ZUTATEN FÜR
4 PERSONEN:**

3–4 Knoblauchzehen
1 TL Senf
150 ml Milch (zimmerwarm)
Salz
Pfeffer
300 ml Öl
etwas Zitronensaft

Den Knoblauch schälen und mit dem Senf, der Milch, Salz und Pfeffer in einen Messbecher geben.

Nun mit dem Öl auffüllen und mit einem Stabmixer zuerst am Becherboden den Knoblauch zermahlen. Nach kurzer Zeit den Stabmixer langsam hochziehen und so lange mixen, bis sich eine Creme bildet.

Nochmals mit Salz und Pfeffer sowie einem Spritzer Zitronensaft abschmecken.

TIPP:
Im Gegensatz zu einer Aioli mit Ei hält sich diese Knoblauchcreme viele Tage im Kühlschrank.

Eines der mit Abstand meistverkauften Gerichte war Roastbeef »kalt« mit Bratkartoffeln und Remouladensoße. Und die Remoulade wurde tatsächlich jeden Tag frisch gemacht.

Remoulade mit selbst gemachter Blitz-Mayo

ZUBEREITUNG:
CA. 20 MINUTEN

ZUTATEN FÜR
4 PERSONEN:

Für die Mayonnaise:
3 Eigelb
½ TL Senf
Salz
Pfeffer
250 ml Pflanzenöl

Für die Remoulade:
1 Ei
1 Schalotte
1 Gewürzgurke
½ Bund Petersilie
300 ml selbst gemachte Mayonnaise (siehe oben)

Für die Mayonnaise Eigelb mit dem Senf verrühren und leicht mit Salz und Pfeffer würzen.

Das Öl langsam und stetig zum Eigelb hinzugeben und dabei mit einem Stabmixer verquirlen. Ist das Öl in das Eigelb eingearbeitet, kann es final mit Salz und Pfeffer abgeschmeckt werden.

Das Ei für die Remoulade 10 Minuten kochen, abschrecken, pellen und fein hacken. Die Schalotte schälen und sehr fein würfeln. Die Gewürzgurke ebenfalls sehr fein würfeln. Die Petersilie waschen, trocken schütteln und sehr fein hacken.

Alle Zutaten zur Mayonnaise geben, verrühren und mit Salz und Pfeffer abschmecken.

TIPP:
Durch das Frischei hält sich die Mayonnaise nur einen Tag!

Wenn ich beim Schreiben für dieses Buch sehr nah bei meiner Oma Annelies bin, so kann ich ausschließen, dass diese Soße direkt von Oma kam. Sie wollte sich einfach nicht verbiegen lassen. Selbst die tollen Soßen einer ihrer Köche waren im Nachhinein nicht so viel wert wie ihre klassische Jus. Ach, Oma.

Schnelle vegetarische braune Grundsoße

ZUBEREITUNG: CA. 15 MINUTEN
KOCHZEIT: CA. 45 MINUTEN

ZUTATEN FÜR 4 PERSONEN:

4 Zwiebeln
3 Karotten
½ Sellerie
1 Stück Rettich
1 Stück Lauch (gerne auch Petersilienwurzel, Pastinaken, Kohlrabi)
3 EL Pflanzenöl
4 Knoblauchzehen
3 EL Tomatenmark
400 ml trockener Rotwein oder ungesüßter roter Traubensaft
1 l Gemüsebrühe
1 EL Wacholder
2 Nelken
2 Lorbeerblätter
2 EL Pfefferkörner
Salz

Die Zwiebeln schälen und grob zerkleinern. Das gesamte Gemüse waschen, je nach Belieben schälen und in etwa 2 cm große Stücke schneiden.

In einem großen Topf Pflanzenöl erhitzen und darin die Zwiebeln und das Gemüse bis auf den Lauch anbraten. Braten lassen, ohne viel zu rühren, damit sich Röststoffe bilden können.

Die Knoblauchzehen schälen, mit dem Handrücken zerdrücken und ebenfalls in den Topf geben. Ist das Gemüse braun angebraten, den Lauch mit hinzugeben und anrösten.

Das Tomatenmark einrühren und mit anrösten. Mit etwas Rotwein ablöschen. Den Soßenansatz reduzieren lassen und bei erneuter Röststoffbildung wieder etwas Rotwein hinzugeben. Diesen Vorgang ein weiteres Mal wiederholen. Das nennt sich Glacieren und Deglacieren.

Anschließend die Gemüsebrühe und die Gewürze hinzugeben und aufkochen lassen. Für etwa 45 Minuten bei geringer Temperatur köcheln lassen.

Die vegetarische Jus nun durch ein Sieb passieren und ohne Druck abtropfen lassen. So bleibt die Farbe erhalten.

Natürlich kann das Gemüse auch püriert werden, allerdings wird dann die Soße deutlich heller.

TIPP:
Den Lauch erst später dazugeben, da dieser schnell verbrennt und bitter wird.

So wie die Käse-Lauch-Suppe ist auch die Zucchini-Hack-Pfanne ein typisches Gericht meiner Jugend. »Ach – da seid ihr ja schon aus der Schule! Bringt eure Sachen ins Zimmer, ich mach euch was zu essen.« Oft war es dann eine Zucchinipfanne mit verschiedenen Abwandlungen.

Deftige Zucchini-Hack-Pfanne

ZUBEREITUNG: CA. 10 MINUTEN
KOCHZEIT: CA. 20 MINUTEN

ZUTATEN FÜR 4 PERSONEN:

1 Zwiebel
4 Knoblauchzehen
2 EL Pflanzenöl
500 g Rinderhack
Salz
Pfeffer
1 rote Paprikaschote
300 g Champignons
4 Zucchini
500 g saure Sahne
500 ml stückige Tomaten (aus der Dose)
1 EL Oregano
1 TL Chiliflocken
1 EL Honig

Die Zwiebel schälen und in feine Würfel schneiden. Den Knoblauch schälen, fein würfeln und in einer Pfanne mit dem Öl anschwitzen. Kurz danach die Zwiebeln dazugeben und ebenfalls mit anschwitzen. Anschließend das Hackfleisch mit in die Pfanne geben und leicht anbraten. Das Ganze mit Salz und Pfeffer abschmecken.

Jetzt die Paprikaschote waschen, Kerne entfernen und würfeln. Die Pilze trocken abreiben, würfeln und beides ebenfalls in die Pfanne geben. Die Zucchini waschen, in gleichmäßige Scheiben schneiden und auch mit in der Pfanne anschwitzen.

Für die Soße die saure Sahne und die Tomaten mit Oregano, Chiliflocken, Salz und Pfeffer und Honig in einer Schüssel vermengen.

Diese Mischung in die Pfanne geben, vorsichtig durchrühren und alles für etwa 10 Minuten leicht köcheln lassen. Fertig ist die Zucchini-Hack-Pfanne!

Zu Omas Zeiten in der Küche war der Kürbis nicht sehr beliebt. Viele kannten ihn nur als sauer eingelegtes Gemüse und hatten unschöne Erinnerungen an entbehrungsreiche Jahre. Dabei ist dieser kleine gefüllte Hokkaido ein flottes und leckeres Gericht, das auch noch den Geldbeutel schont.

Kleine gefüllte Kürbisse

ZUBEREITUNG: CA. 15 MINUTEN
KOCHZEIT: CA. 1½ STUNDEN

ZUTATEN FÜR 4 PERSONEN:

1 Zwiebel
2 Knoblauchzehen
½ Bund Petersilie
2 EL Pflanzenöl
Salz
Pfeffer
½ TL Rosmarin
½ TL Salbei
½ TL Oregano
2 kleine Dosen gewürfelte Tomaten
4 kleine Hokkaido-Kürbisse
200 g gekochter Reis
2 Eier
600 g Rinderhack

Die Zwiebel und den Knoblauch schälen und fein würfeln. Die Petersilie waschen, trocken schütteln und fein hacken.

Etwas Pflanzenöl in einem Bräter erhitzen, die Zwiebeln darin anschwitzen und den Knoblauch hinzugeben. Salzen und pfeffern. Die Kräuter (bis auf die Petersilie) hinzugeben und ebenfalls mit anschwitzen. Die Dosentomaten hinzugeben, verrühren und 20 Minuten auf mittlerer Hitze köcheln.

In der Zwischenzeit den Ofen auf 180 °C Umluft vorheizen. Die Kürbisse waschen und den Boden der Kürbisse leicht begradigen, sodass sie stehen können. Die Deckel abschneiden und aufbewahren. Die Kürbisse mit einem Löffel aushöhlen.

Die Petersilie und den Reis als Lockerungsmittel zusammen mit den Eiern zum Rinderhack geben, gut vermischen und salzen und pfeffern.

Die Kürbisse mit der Hackfleischmasse füllen und den Deckel der Kürbisse aufsetzen. Auf die Tomatensoße in den Bräter geben und im Ofen 1 Stunde garen. Sollte die Tomatensoße etwas zu flüssig sein, einfach mit etwas Speisestärke andicken.

TIPP:

Die Kerne und das Fruchtfleisch des Kürbisses nicht wegwerfen, sondern einfrieren und beim Kochen der nächsten Gemüsebrühe mit hinzugeben.

Rasante Fischgerichte

Fisch war durch die Nähe zum Hamburger Fischmarkt überhaupt kein Problem. Immer zu haben und immer frisch. So wurden allerlei Fischgerichte angeboten. Und alles, was irgendwie zu klein war oder übrig blieb, kam in diesen unglaublichen Eintopf. Nach diesem Rezept aber alles andere als eine Resteverarbeitung!

Hamburger Fischeintopf

ZUBEREITUNG: CA. 10 MINUTEN
KOCHZEIT: CA. 20 MINUTEN

ZUTATEN FÜR 4 PERSONEN:

1 Zwiebel
1 Fenchel
150 g Staudensellerie
15 Kirschtomaten
4 Knoblauchzehen
4 EL Olivenöl
Salz
Pfeffer
200 ml trockener Weißwein
400 g Lachsfilet
400 g Thunfischfilet
400 g Kabeljaufilet
250 g Rotbarschfilet
8 Garnelen (küchenfertig)
200 g Miesmuscheln (geputzt)
1 l Gemüsebrühe
40 g Dill

Die Zwiebel schälen und in feine Würfel schneiden. Den Fenchel waschen, vierteln, den Strunk entfernen und fein schneiden. Den Sellerie und die Tomaten waschen und in kleine Stücke schneiden.

Den Knoblauch schälen, fein hacken und in Olivenöl in einem Schmortopf anschwitzen. Danach Zwiebeln, Fenchel und Staudensellerie mit in den Topf geben, anschwitzen und leicht salzen.

Sobald das Gemüse etwas glänzt, die Tomaten dazugeben und mit Pfeffer würzen. Mit dem Weißwein ablöschen.

Den Fisch in grobe Stücke schneiden und in den Topf legen. Die Garnelen der Länge nach halbieren und mit den Miesmuscheln auf den Fisch legen. Alles mit Gemüsebrühe auffüllen. Den Dill waschen, trocken schütteln, schneiden und zum Eintopf geben.

Jetzt alles einmal aufkochen lassen, danach 2 Minuten ziehen lassen und fertig ist der Fischeintopf!

Ich liebe die Geschichte vom Unterschied zwischen Dorsch und Kabeljau. Und mein Opa hat die Geschichte auch geliebt. Unzählige Male, meist freitags, mussten sich alle am Tresen Anwesenden diese Belehrungen anhören und quittierten diese oft mit »Ja, Carl – wissen wir!«.

Dorsch in Krebssoße

ZUBEREITUNG:
CA. 10 MINUTEN
KOCHZEIT:
CA. 10 MINUTEN

ZUTATEN FÜR
4 PERSONEN:

1 Bund grüner Spargel
½ Zwiebel
40 g Butter
200 ml trockener Weißwein
1 kg Kabeljaufilet
Salz
Pfeffer
400 g Sahne
3 EL Krebssuppenpaste

Den grünen Spargel nach Belieben leicht schälen, holzige Enden abschneiden und in gleichmäßige Stücke schneiden.

Die halbe Zwiebel schälen, in Würfel schneiden und mit etwas Butter in einer Pfanne leicht anschwitzen. Mit dem Weißwein ablöschen.

Den Fisch auf ca. 250 g portionieren und in den Dünstansatz legen und leicht mit Salz und Pfeffer würzen. Den Fisch bei geschlossenem Deckel auf mittlerer Flamme dünsten. Sobald der Fisch glasig ist, herausnehmen und im Ofen bei 70 °C warm halten.

Den grünen Spargel in den Fond geben, kurz gar kochen lassen und wieder herausnehmen. Danach die Soße noch mit Sahne auffüllen, einmal zum Kochen bringen und mit so viel Krebssuppenpaste andicken, bis die gewünschte Konsistenz erreicht ist.

Mit Salz und Pfeffer abschmecken und heiß über den Fisch geben. Mit dem Spargel servieren.

S

Nicht nur schnell muss es manches Mal in der Küche gehen, sondern auch Reste müssen immer wieder verarbeitet werden. Und dieses Gericht vereint beide Anforderungen optimal. Lecker und schnell gekocht.

Bandnudeln in Zitronen-Lachs-Soße

ZUBEREITUNG:
CA. 15 MINUTEN
KOCHZEIT:
CA. 30 MINUTEN

ZUTATEN FÜR
4 PERSONEN:

Für die Mehlbutter:
50 g Butter
1/4 Stange Zitronengras
1/2 Zwiebel
4 Zweige Dill
4 Zweige Petersilie
1/2 Bio-Zitrone
Salz
Pfeffer
50 g Mehl

Für den Fisch:
400 g Bandnudeln
600 g Lachsfilet
200 g Sahne

Die Butter auf Zimmertemperatur warm stellen.

Das Zitronengras klein schneiden. Die Zwiebelhälfte schälen. Dill und Petersilie waschen und trocken schütteln. Die Zitrone heiß abwaschen, trocken reiben und die Hälfte der Schale abreiben. Die halbe Zitrone auspressen. Alles mit Salz und Pfeffer in den Mixer geben und durchmixen.

Anschließend die Butter und das Mehl mit hineingeben und alles zusammen nochmals mixen.

Reichlich Wasser in einem Topf aufkochen und salzen. Die Bandnudeln darin al dente kochen. Abgießen.

Den Lachs in nicht zu kleine Streifen schneiden.

Die Sahne in einer Pfanne zum Kochen bringen und dann die Mehlbutter hinzugeben. Sobald es beginnt anzudicken, den Lachs dazugeben und einmal kurz angaren.

Wenn der Fisch gar ist, noch die Bandnudeln dazugeben, einmal durchschwenken und fertig ist die Pasta in Zitronen-Lachs-Soße.

TIPP:
Diese Mehlbutter für Fischgerichte kann man sehr gut einfrieren und immer dazu verwenden, um Soßen anzudicken.

Da Bratkartoffeln in Omas Küche eine große Rolle spielten, war auch der Hamburger Pfannfisch ein fester Bestandteil ihres Angebotes. Alles zusammen in einer Pfanne, nur mit einigen Gewürzgurkenscheiben angerichtet und serviert. Das war nach Omas Geschmack. Schnell, lecker und einfach.

Pfannfisch mit Bratkartoffeln

ZUBEREITUNG:
CA. 10 MINUTEN
KOCHZEIT:
CA. 20 MINUTEN

ZUTATEN FÜR
4 PERSONEN:

600 g Kabeljaufilet
2 EL Pflanzenöl
200 g Sahne
5 Eigelb
3 EL Senf
Salz
Pfeffer
1 Rezept Bratkartoffeln (siehe Seite 46)
4 Gewürzgurken
ofenfeste Pfanne

Den Ofen auf 200 °C Umluft vorheizen. Den Kabeljau in große Würfel schneiden und ungewürzt in der Pfanne mit dem Öl von beiden Seiten kräftig anbraten. Wichtig ist, dass der Fisch nicht durchgebraten wird, da dieser noch in den Backofen kommt.

In der Zwischenzeit die Sahne in einem Messbecher mit dem Eigelb, Senf, Salz und Pfeffer verrühren.

Sobald der Fisch auf beiden Seiten eine schöne Farbe bekommen hat, die Bratkartoffeln und die Sahnesoße dazugeben, vorsichtig vermengen und die Pfanne in den Ofen stellen. Nach etwa 10 Minuten ist die Ei-Sahne-Liaison gestockt und fertig ist der Pfannfisch!

Die Gewürzgurken in Scheiben schneiden und mit dem Pfannfisch anrichten.

Flotte Fleischgerichte

Als der große Kohleofen durch einen modernen Gasherd ersetzt wurde, änderte sich auch das Kochen. Durch die sofortige Hitze wurde das Angebot an Pfannengerichten deutlich größer. Für mich als Kind jedes Mal faszinierend, wenn die Pfannen geschwenkt wurden und ein riesiger Feuerball die Küche in rotes Licht tauchte.

Züricher Geschnetzeltes

ZUBEREITUNG:
CA. 10 MINUTEN
KOCHZEIT:
CA. 10 MINUTEN

ZUTATEN FÜR 4 PERSONEN:

800 g Kalbsfleisch
1 Zwiebel
400 g Champignons
1 EL Pflanzenöl
Salz
Pfeffer
40 g Butter
2 EL Mehl
100 ml trockener Weißwein
200 g Sahne
etwas gehackte Petersilie zum Garnieren

Das Fleisch in fingerdicke Streifen schneiden. Die Zwiebel schälen und fein würfeln. Die Champignons putzen und in Scheiben schneiden.

Das Fleisch in einer sehr heißen Pfanne mit etwas Pflanzenöl anbraten. Dabei darauf achten, dass die Stücke nicht übereinanderliegen. Erst schwenken, wenn das Fleisch Farbe bekommt, und dann von der anderen Seite anbraten. Nach dem Anbraten mit Salz und Pfeffer würzen und aus der Pfanne nehmen.

In derselben noch heißen Pfanne etwas Butter zum Schmelzen bringen, sodass sich die vorhandenen Röststoffe schon etwas lösen. Die gewürfelte Zwiebel darin anschwitzen. Die Champignons mit dem Mehl bestäuben und unterrühren. Salzen und pfeffern. Mit Weißwein ablöschen.

Sobald der Weißwein verkocht ist, die Sahne hinzugeben. Ist die Sahne etwas angedickt, kann das Fleisch wieder dazugegeben werden. Dies sollte jedoch nur kurz wieder warm werden, nicht noch weiter kochen. Mit etwas Petersilie garnieren.

TIPP:
Dazu passen die Kartoffel-Krapfen
(siehe Seite 48).
Die Pfanne nicht direkt nach dem
Hineingeben des Fleisches schwenken,
sonst verlieren wir Hitze in der Pfanne.

Noch ein Flammengericht. Ich durfte vor einigen Jahren in Malaysia einen asiatischen Küchenchef begleiten, welcher mich in die Kunst des Kochens mit einem Wok einweihte. Alles sehr schnell, heiß und beeindruckend. Wie damals in Omas Küche mit der Pfanne am Gasherd.

Schweinefilet-Medaillons in Pfeffersoße

ZUBEREITUNG:
CA. 10 MINUTEN
KOCHZEIT:
CA. 15 MINUTEN

ZUTATEN FÜR 4 PERSONEN:

2 Schalotten
800 g Schweinefilet
3 TL grüner Pfeffer
Salz
Pfeffer
30 g Butter
4 cl Cognac
200 g Sahne

Die Schalotten schälen und fein würfeln. Das Schweinefilet von der kleinen Sehne befreien und in 12 gleichmäßige Medaillons schneiden. Dabei darauf achten, dass alle Stücke ungefähr gleichmäßig dick sind. Die Medaillons jetzt trocken, also ohne Öl, in einer Pfanne von beiden Seiten scharf anbraten. In der Zwischenzeit den grünen Pfeffer zerdrücken.

Zeigt sich deutlich etwas Fleischsaft auf den Medaillons, sind diese fast gar und können aus der Pfanne genommen werden. Das Fleisch erst jetzt mit Salz und Pfeffer würzen. Die Medaillons im Ofen bei 60 °C warm halten.

Die Butter in der noch heißen Pfanne schmelzen lassen, Schalotten und zerdrückten Pfeffer dazugeben und anschwitzen. Das Ganze jetzt mit Cognac ablöschen und flambieren. Darauf achten, dass man dies nicht unter der Dunstabzugshaube macht.

Jetzt mit Sahne auffüllen und dicklich einkochen lassen. Wenn die Soße fertig ist, noch einen Schuss der Pfefferlake hinzugeben.

Die Medaillons aus dem Ofen nehmen und mit der heißen Soße servieren. Dazu passen zum Beispiel knusprige Rösti.

TIPP:
Das Zerdrücken der Pfefferkörner geht ohne Mörser auch mit dem Boden von einem Topf auf einem Brett.

Ich kenne kein Fleischgericht, welches schneller rosa gebraten ist als ein Hasenrückenfilet. Und leider gibt es heute kaum noch Hasen. Damals waren die Jäger dankbar, wenn Oma einige aus der Strecke kaufte. Das Gericht war auch bezahlbar, im Gegensatz zur Zahnarztrechnung, wenn man auf eine Schrotkugel biss.

Hasenrücken mit Kürbissoße

ZUBEREITUNG:
CA. 15 MINUTEN
KOCHZEIT:
CA. 30 MINUTEN

ZUTATEN FÜR
4 PERSONEN:

Für die Soße:
30 g Ingwer
1 Zwiebel
1 Apfel
¼ Hokkaido-Kürbis
50 g Butter
1 TL Currypulver
500 g Sahne
Salz
Pfeffer

Für den Hasenrücken:
2 Hasenrücken
Pfeffer
etwas Mehl
2 EL Pflanzenöl

Die Schale des Ingwers mit einem Löffel abreiben, den Ingwer fein würfeln. Die Zwiebel schälen und ebenfalls fein würfeln. Den Apfel waschen, schälen, Kerngehäuse entfernen und würfeln. Das Stück Hokkaido-Kürbis waschen, die Kerne entfernen und mit der Schale fein würfeln.

Den Ingwer mit der Butter anschwitzen, dann die Zwiebeln, Apfel- und die Hokkaido-Stückchen dazugeben. Curry dazugeben und ebenfalls mit anschwitzen. Mit der Sahne auffüllen und alles zusammen gar kochen.

Die Hasenrücken auslösen und die Filets von allen Häuten befreien. Nur mit Pfeffer würzen, in Mehl wenden und kurz von allen Seiten bei mittlerer Temperatur anbraten und bei 60 °C Umluft im Ofen warm halten, bis die Soße fertig ist.

Die Soße pürieren, mit Salz und Pfeffer abschmecken und heiß unter (!) dem Hasenfilet servieren. Als Beilage passt ein Kartoffelpüree.

Sind die Vorarbeiten, wie das Waschen, Putzen und Schneiden, erst mal erledigt, ist das reine Zubereiten eine schnelle Sache. In der Küche nennen wir das Ganze das »mise en place«. In etwa zu übersetzen mit »an den richtigen Ort gestellt«. Ich glaube, Oma kannte den Begriff nicht und hat es trotzdem genau so gemacht.

Hähnchengeschnetzeltes mit Pfifferlingen

ZUBEREITUNG:
CA. 15 MINUTEN
KOCHZEIT:
CA. 15 MINUTEN

ZUTATEN FÜR
4 PERSONEN:
300 g Pfifferlinge
1 Zwiebel
1 Knoblauchzehe
600 g Hähnchenbrust
20 Kirschtomaten
20 g Schnittlauch
1 EL Pflanzenöl
Salz
Pfeffer
200 g Sahne

Die Pfifferlinge sorgfältig putzen. Die Zwiebel und den Knoblauch schälen und in feine Würfel schneiden. Das Hähnchen waschen, trocken tupfen und in feine Streifen schneiden. Dazu die Hähnchenbrust der Länge nach halbieren, erst in Scheiben und dann in Streifen schneiden.

Die Tomaten waschen und halbieren. Den Schnittlauch waschen, trocken schütteln und in feine Ringe schneiden.

In einer Panne das Pflanzenöl erhitzen, Knoblauch und Zwiebeln dazugeben und anschwitzen. Die Pilze dazugeben und langsam garen. Sind die Pilze etwas glasig geworden, das Hähnchen dazugeben und unterheben. Mit Salz und Pfeffer würzen.

Ist das Hähnchen fest und somit gar, die Sahne dazugeben und etwas einkochen lassen. Die Tomaten und den Schnittlauch untermischen und heiß servieren. Eine leckere Beilage sind Spätzle.

Opa wusste, wo Steinpilze zu finden waren. Und in manchen Jahren gab es so viele, dass diese auf Zeitungspapier getrocknet wurden. Und diese wundervollen Pilze wurden dann oft mit jagdfrischem Wild zubereitet. Das sind dann die Momente, in denen es sehr, sehr ruhig wird am Tisch – bei den ersten genussvollen Bissen.

Hirschgeschnetzeltes in Steinpilzsoße

ZUBEREITUNG:
CA. 10 MINUTEN
KOCHZEIT:
CA. 10 MINUTEN

ZUTATEN FÜR 4 PERSONEN:

300 g getrocknete Steinpilze
400 g Hirschkeule
1 Zwiebel
2 EL Pflanzenöl
Salz
50 ml trockener Rotwein
3 EL Preiselbeeren (aus dem Glas)
200 g Sahne
Pfeffer

Die getrockneten Steinpilze in Wasser einweichen. Das Fleisch in nicht zu kleine, aber gleich große Streifen schneiden. Die Zwiebel schälen und in feine Streifen schneiden.

Das Fleisch in einer Pfanne mit etwas Öl scharf anbraten. Sobald das Fleisch von allen Seiten angebraten ist, herausnehmen und im Ofen bei 60–70 °C Ober-/Unterhitze warm halten.

In der noch heißen Pfanne die Zwiebeln anschwitzen und salzen. Wenn die Zwiebelwürfel Farbe annehmen, die Steinpilze ausdrücken und dazugeben. Alles schön anbraten und mit Rotwein, Preiselbeeren und Sahne ablöschen.

Das Ganze einkochen lassen, sodass die Sahne etwas dicklicher wird, und anschließend das Fleisch dazugeben, einmal durchschwenken, mit Salz und Pfeffer abschmecken und fertig ist das Hirschgeschnetzelte! Als Beilage passen die Kartoffelkrapfen (siehe Seite 48) aus diesem Buch.

Wer schon einmal versucht hat, ein klassisches Rinderfilet Wellington selbst zu kochen, wird bestätigen können, dass die reine Zubereitung nicht halb so schwierig ist wie das Tranchieren am Tisch. Da ist dieses abgewandelte Rezept aus Omas Küche eine großartige und sichere Alternative.

Schnelles Filet im Blätterteignest

ZUBEREITUNG:
CA. 15 MINUTEN
KOCHZEIT:
CA. 30 MINUTEN

ZUTATEN FÜR 4 PERSONEN:

2 EL Pflanzenöl
4 Rinderfilet (à 180 g, aus der Mitte geschnitten)
Salz
Pfeffer
300 g Champignons
1 Zwiebel
1 EL Tomatenmark
1 Ei zum Bestreichen
8 Scheiben Blätterteig (10 × 10 cm, TK)

In einer Pfanne das Öl erhitzen und die Rinderfilets darin scharf von allen Seiten anbraten. Das Rinderfilet aus der Pfanne nehmen, auf einem Rost abtropfen lassen, mit Salz und Pfeffer würzen und auskühlen lassen.

Die Champignons putzen und zunächst in feine Scheiben schneiden und anschließend hacken. Die Zwiebel schälen und fein würfeln. In der gleichen Pfanne nun die Zwiebelwürfel anschwitzen und dann die Champignons hinzugeben.Kräftig salzen und pfeffern und die Champignons trocken braten lassen. Wenn die Feuchtigkeit aus den Champignons verdampft ist, das Tomatenmark hinzugeben und kurz mit anbraten. In eine Schale füllen und kalt stellen.

Den Ofen auf 200 °C Umluft vorheizen. Das Ei verquirlen und aus dem Blätterteig nun vier Nester bauen: Hierzu je 1 Scheibe des Blätterteigs als Boden nehmen. Diesen am Rand mit dem verquirlten Ei bestreichen. Aus je einer zweiten Scheibe ein Quadrat ausstechen, sodass ein Rand von 1 cm stehen bleibt.

Das ausgestochene Quadrat in 4 gleiche Streifen schneiden und diese auf den Rand des ersten Bodens legen, ebenfalls mit Ei bestreichen. Nun den ausgestochenen Rand der zweiten Scheibe auf die Streifen setzen. So erhält man drei Schichten ohne jeden Rest.

Die erkaltete Champignonmasse in die Mitte der Nester geben und gleichmäßig verstreichen, der Rand der Nester sollte möglichst frei bleiben. Je 1 kaltes Rinderfilet in die Mitte eines Nestes auf die Champignons setzen. Die Nester auf ein Backblech legen und etwa 15 Minuten backen.

TIPP:

Zur Kontrolle kann ein Kernthermometer verwendet werden, eine gute Empfehlung ist 53 °C Kerntemperatur.
Auf diese Weise können sehr viele Rinderfilets vorbereitet, auf einem Blech im Kühlschrank aufbewahrt und dann vor dem Servieren in den Ofen gegeben werden.

Ein schnelles Rezept mit einem großen Namen. Denn eigentlich ist dieses Gericht kein Braten, sondern einfach nur auf dem Rost gebraten. Also genau richtig für Omas schnelle Küche.

Zwiebelrostbraten

ZUBEREITUNG:
CA. 10 MINUTEN
KOCHZEIT:
CA. 15 MINUTEN

ZUTATEN FÜR 4 PERSONEN:
6 Zwiebeln
100 g Mehl
1 EL Paprikapulver
Öl zum Frittieren
4 Rumpsteaks
1 EL Pflanzenöl
Salz
Pfeffer
5 cl Portwein
500 ml Gemüsebrühe

Mit den Röstzwiebeln beginnen. Dazu 2 Zwiebeln schälen und in nicht zu dünne Ringe schneiden. Das Mehl mit dem Paprikapulver vermischen und die Zwiebelringe darin mehlieren. In heißem Öl frittieren, bis sie goldgelb und etwas fester sind. Auf einem Küchenpapier abtropfen lassen und warm stellen.

Für den Zwiebelrostbraten die anderen Zwiebeln schälen, halbieren und in Ringe schneiden. In einer heißen Pfanne die Steaks mit dem Pflanzenöl scharf anbraten. Die Steaks erst wenden, wenn sie Farbe entwickelt haben. Sobald sich auf dem Fleisch etwas Fleischsaft bildet, ist es medium. Mit Salz und Pfeffer würzen und bei 60 °C im Ofen warm halten.

In die noch heiße Pfanne die halben Zwiebelringe geben und kurz anbraten. Die Zwiebeln ebenfalls mit Salz und Pfeffer würzen. Sobald sie anfangen, schön braun zu werden, mit dem Portwein ablöschen.

Zum Andicken der Soße jetzt etwa 2 gehäufte EL Paprika-Mehl unterheben und anschließend nach und nach mit Gemüsebrühe auffüllen, bis die gewünschte Konsistenz der Zwiebelsoße erreicht ist.

Das Steak mit der Soße überziehen, mit den frittierten Zwiebeln garnieren und fertig ist der Zwiebelrostbraten! Knusprige Bratkartoffeln sind die perfekte Beilage.

Das Geheimnis von diesem Pfannengericht liegt nicht in der Zubereitung, sondern in der Vorbereitung. Nichts ist ärgerlicher, als wenn bei einem Cordon bleu beim Braten der Käse schon in die heiße Pfanne läuft und dort schneller verbrennt, als das das Schnitzel gar wird. Dagegen hilft ein Kniff aus Omas Trickkiste.

Cordon bleu

ZUBEREITUNG:
CA. 20 MINUTEN
KOCHZEIT:
CA. 25 MINUTEN

ZUTATEN FÜR 4 PERSONEN:

4 hauchdünne, möglichst große Schnitzel aus der Oberschale (Schwein oder Kalb)
Salz
Pfeffer
4 Scheiben Gouda
4 Scheiben gekochter Schinken
Butterschmalz

Zum Panieren:

80 g Mehl
2 Eier
80 g Panko (japanisches Paniermehl)

Die Schnitzel von beiden Seiten mit Salz und Pfeffer würzen. Die Käsescheiben vierteln, indem sie zweimal gefaltet werden, und mit dem Kochschinken einschlagen. So verhindert man, dass der geschmolzene Käse ausläuft.

Diese Päckchen nun in die Mitte der Schnitzel legen und die Seiten der Schnitzel darüberklappen, sodass sich die offene Kante auf der Oberseite befindet. Die daraus entstandenen größeren Päckchen nun panieren.

Hierzu eine Panierstraße aufbauen: Mehl auf einen Teller geben, die Eier in einem zweiten tiefen Teller verquirlen und das Panko ebenfalls auf einen separaten Teller geben.

Nun das Cordon bleu zunächst in Mehl wenden, überschüssiges Mehl abklopfen. Durch das Ei ziehen, sodass es rundum bedeckt ist. Anschließend im Panko wenden, dabei nur locker andrücken.

In einer Pfanne das Butterschmalz erhitzen und die Cordon bleus darin anbraten. Hierbei darauf achten, dass zunächst die Seite gebraten wird, auf der das Fleisch zusammengelegt ist. Die Seite ohne Kante soll nach oben zeigen.

Bei mittlerer Temperatur etwa 10 Minuten garen lassen. Ist es goldgelb, wenden und von der anderen Seite wiederum etwa 10 Minuten garen. Heiß servieren. Als Beilage passen ein Gurkensalat und Bratkartoffeln.

Ein Originalgulasch kommt aus Ungarn und bezeichnet dort unsere Gulaschsuppe. Unser Gulasch heißt dort Pörkölt und wird mit Rindfleisch gekocht. Doch all dieses Wissen war und ist unwichtig, wenn es mal schnell und lecker sein darf. Deshalb wurde das Putengulasch erfunden.

Putengulasch

ZUBEREITUNG:
CA. 10 MINUTEN
KOCHZEIT:
CA. 1 STUNDE

ZUTATEN FÜR
8 PERSONEN:

1,8 kg Putenkeule ohne Knochen
2 EL Pflanzenöl
4 Zwiebeln
400 g Champignons
1 EL Paprikapulver (edelsüß)
1 EL Paprikapulver (scharf)
1½ EL Tomatenmark
1 l Gemüsebrühe
200 g Sahne
Salz
Pfeffer

Das Putenfleisch waschen, trocken tupfen, in nicht zu kleine Stücke schneiden und in einem Bräter mit dem Öl goldbraun anbraten.

Währenddessen die Zwiebeln schälen und in grobe Streifen schneiden. Die Champignons putzen und je nach Größe halbieren oder vierteln.

Sobald das Fleisch schön braun geworden ist, die Zwiebelstreifen dazugeben und mit anbraten. Danach das Paprikapulver dazugeben und kurz anschwitzen, damit sich der volle Geschmack entfaltet. Dann das Tomatenmark dazugeben und kurz mit anbraten. Zum Schluss noch die Pilze hinzugeben und ebenfalls kurz anbraten.

Mit der Gemüsebrühe und der Sahne aufgießen und das Ganze mit geschlossenem Deckel für etwa 1 Stunde leise köcheln lassen. Mit Salz und Pfeffer abschmecken. Fertig ist das Gulasch von der Pute! Einfache Salzkartoffeln als Beilage passen dazu perfekt.

Ein Gericht für die Tage, an denen es wirklich schnell gehen muss. Denn die Zutaten sind überschaubar. Der Geschmack ist dennoch unwiderstehlich!

Deftige Brauerpfanne – Nackensteaks mit blonden Zwiebeln

ZUBEREITUNG:
CA. 10 MINUTEN
KOCHZEIT:
CA. 20 MINUTEN

ZUTATEN FÜR 4 PERSONEN

4 Gemüsezwiebeln
2 Knoblauchzehen
4 Nackensteaks
1 EL Pflanzenöl
Salz und Pfeffer
330 ml Bier
3 Zweige Thymian

Die Zwiebeln schälen und in feine Streifen schneiden.

Den Knoblauch schälen und fein würfeln.

Die Nackensteaks in einer Pfanne mit etwas Öl von beiden Seiten sehr scharf anbraten.

Sobald das Fleisch braun angebraten ist, herausnehmen und mit Salz und Pfeffer würzen.

Zwiebeln und Knoblauch in der noch heißen Pfanne anschwitzen und ebenfalls mit Salz und Pfeffer würzen.

Sobald die Zwiebeln etwas Farbe bekommen haben, mit dem Bier ablöschen und die Steaks hineinlegen. Thymian dazugeben, für ca. 15 Minuten ohne Deckel köcheln lassen und fertig ist die deftige Brauerpfanne!

Im Sommer, wenn es richtig heiß war und Omas Gäste keinen Hunger auf deftiges Essen hatten, zauberte Oma gern mal dieses Rezept aus ihrem Ofen. Leicht, duftend und für ein Bratenstück richtig schnell in der Zubereitung. Dazu gab es natürlich einen gemischten Salat und Bratkartoffeln.

Tafelspitz mit Kräutermarinade

ZUBEREITUNG:
CA. 15 MINUTEN
KOCHZEIT:
CA. 1 STUNDE

ZUTATEN FÜR
4 PERSONEN:
1 kg Kalbstafelspitz
1 EL Pflanzenöl
50 g frische gemischte Kräuter vom Markt (zum Beispiel: Estragon, Thymian, Koriander, Basilikum, Rosmarin, Oregano)
1 Zwiebel
3 Knoblauchzehen
1 Zitrone
1 rote Chili
3 EL Olivenöl
Salz
Pfeffer
1 EL geräuchertes Paprikapulver

Mögliche Sehnen vom Fleisch entfernen und dann das Fleisch in einer Pfanne mit dem Öl von allen Seiten scharf anbraten und wieder herausnehmen. Den Ofen auf 95 °C Umluft vorheizen.

Für die Kräutersoße die frischen Kräuter waschen, trocken schütteln und von den groben Stielen befreien. Die Zwiebel und den Knoblauch schälen und grob zerkleinern. Die Zitrone auspressen. Stiel und Kerne der Chili entfernen, Chili waschen und zusammen mit Kräutern, Zwiebel, Knoblauch, Zitronensaft, Olivenöl, Salz, Pfeffer und geräuchertem Paprikapulver in einen Messbecher geben und mit einem Stabmixer pürieren.

Das Fleisch mit der Kräutersoße einstreichen, auf einen Rost legen, in den Ofen stellen, ein Backblech unter den Rost schieben und so lange garen, bis 57 °C Kerntemperatur im Fleisch erreicht sind.

Das dauert etwa 45 Minuten. Dann noch 15 Minuten im ausgeschalteten Ofen ruhen lassen. Die heruntergetropfte Kräutersoße zum Braten reichen. Fertig ist der Tafelspitz!

Gab es eigentlich ein Toast-Zeitalter? Ich stelle mir die Frage tatsächlich öfter. Zu Omas Zeiten gab es auf ihrer Speisekarte unzählige Toast-Gerichte wie zum Beispiel Räucherlachs auf Toast, Ratsherrentoast und natürlich Toast Hawaii. Omas schneller Bestseller war der Jägertoast. Warum auch immer der so heißt.

Jägertoast

ZUBEREITUNG:
CA. 20 MINUTEN
KOCHZEIT:
CA. 30 MINUTEN

ZUTATEN FÜR 4 PERSONEN:

1 Zwiebel
400 g Champignons
¼ Bund Schnittlauch
4 Scheiben Speck
600 g Schweinefilet
Salz
Pfeffer
200 g Crème fraîche
4 Scheiben Toast
100 g Emmentaler, in Scheiben

Die Zwiebel schälen und in feine Würfel schneiden. Die Champignons putzen und in Scheiben schneiden. Den Schnittlauch waschen, trocken schütteln und in feine Ringe schneiden.

Den Speck in einer Pfanne ohne Öl bei wenig Hitze knusprig braten. Während der Speck in der Pfanne ist, das Schweinefilet von der Sehne befreien und quer zur Faser in dünne Scheiben bzw. Taler schneiden. Den knusprigen Speck aus der Pfanne nehmen und bei 60 °C Umluft im Ofen warm halten. In der gleichen Pfanne jetzt das Fleisch scharf anbraten.

Wenn sich das Fleisch am Rand verfärbt hat, einmal wenden und weiter anbraten, bis das Fleisch gar ist. Mit Salz und Pfeffer würzen. Nun das Fleisch aus der Pfanne nehmen und ebenfalls warm halten.

Die Zwiebeln in die gleiche Pfanne geben, glasig anbraten und die Pilze dazugeben. Das Ganze mit etwas Salz und Pfeffer würzen, damit die Champignons im eigenen Saft schmoren können. Crème fraîche und Schnittlauch dazugeben und alles verrühren.

Den Toast toasten. Speck und Fleisch aus dem Ofen nehmen und diesen auf höchste Stufe Ober-/Unterhitze einstellen.

Den Toast jetzt mit dem Fleisch belegen und mit der Soße überziehen. Mit Käse belegen und im Ofen goldgelb überbacken.

Ganz zum Schluss noch den Speck auf den Toast legen und fertig ist der Jägertoast!

Innereien waren früher deutlich beliebter als heute. Neben Nieren war damals die Leber sehr beliebt. Meist als Berliner Art angeboten. Doch Dank Omas Liebe zu Italien fand auch dieses Rezept bald Einzug in ihre Küche.

Kalbsleber in Salbeibutter

ZUBEREITUNG:
CA. 10 MINUTEN
KOCHZEIT:
CA. 15 MINUTEN

ZUTATEN FÜR 4 PERSONEN:

1 Zwiebel
½ Bund Salbei
4 Scheiben Kalbsleber (à 180 g)
etwas Mehl
1 EL Pflanzenöl
Salz
Pfeffer
100 g Butter
1 EL dunkler Balsamicoessig

Die Zwiebel schälen und in feine Würfel schneiden. Die Salbeiblätter abzupfen. Die Leberscheiben mehlieren, abpudern und in einer heißen Pfanne mit dem Öl kurz anbraten. Die Leber erst nach dem Anbraten mit Salz und Pfeffer würzen. Dann aus der Pfanne nehmen und bei 60 °C Umluft im Ofen warm halten.

Die Butter in die noch heiße Pfanne geben und die Zwiebel darin anschwitzen. Das Ganze mit Salz und Pfeffer würzen. Sobald die Zwiebelwürfel etwas Farbe annehmen, mit dem Balsamico ablöschen und die Salbeiblätter kurz darin heiß werden lassen.

Die Leber mit der Salbeibutter anrichten. Als Beilage das Erbsenpüree (siehe Seite 40) aus diesem Buch servieren.

Höchste Zeit, meinen Vater zu erwähnen. Papa hat in Hamburg im Hotel *Vier Jahreszeiten* gelernt. Mein Sohn Philipp übrigens auch. Und Papa arbeitete einige Zeit in Paris. Ob er selbst diesen Klassiker der feinen und doch schnellen Küche mit nach Hause brachte, ist mir nicht bekannt. Ungewöhnlich, aber lecker sind die Erbsen.

Pariser Schnitzel mit feinen Erbsen

ZUBEREITUNG:
CA. 15 MINUTEN
KOCHZEIT:
CA. 45 MINUTEN

ZUTATEN FÜR 4 PERSONEN:

400 g Erbsen (TK)
2 Eier
1 Zwiebel
½ Bund Frühlingszwiebeln
1 Römersalat
50 g Butter
100 g gekochter Schinken
Salz
Pfeffer
Muskatnuss
100 g Sahne
4 Kalbsschnitzel (à 160 g)
80 g Mehl
2 EL Pflanzenöl

Die Erbsen auftauen lassen. Die Eier für die Panade aufschlagen und verquirlen. Die Zwiebel schälen und in feine Würfel schneiden.

Die Frühlingszwiebeln waschen, putzen und in feine Ringe schneiden. Den Römersalat waschen und in Streifen schneiden.

Butter in einer Pfanne zergehen lassen und die Zwiebelwürfel auf mittlerer Hitze langsam darin anschwitzen.

In der Zwischenzeit den Schinken in feine Streifen schneiden und zusammen mit den Frühlingszwiebeln in die Pfanne geben und anschwitzen.

Mit Salz, Pfeffer und Muskatnuss würzen. Jetzt die Erbsen dazugeben und kurz mit der Sahne aufkochen.

Die Schnitzel mit Salz und Pfeffer würzen und einmal im Mehl wenden, überschüssiges Mehl abklopfen, durch das verquirlte Ei ziehen und in einer großen Pfanne mit dem Öl auf mittlerer Hitze auf beiden Seiten goldgelb braten.

Erst jetzt den Salat zum Erbsengemüse geben und kurz verrühren. Zusammen mit den Schnitzeln servieren.

Nicht Frankreich, sondern einer Omas Vorliebe für die kulinarische Raffinesse Italiens brachte dieses simple Gericht zu uns. Und da schon damals das Kalbfleisch unglaublich teuer war, wurde dieses durch Hähnchen ersetzt. Ich bin der Meinung, dass das Gericht so noch gewonnen hat.

Geflügelschnitzel in Käse-Ei-Hülle auf Tomaten-Spaghetti

ZUBEREITUNG:
CA. 15 MINUTEN
KOCHZEIT:
CA. 30 MINUTEN

ZUTATEN FÜR 4 PERSONEN:

400 g Spaghetti
Salz
1 Zwiebel
2 Knoblauchzehen
400 g Tomaten
150 g Parmesan
150 g Mehl
4 Eier
2 EL Basilikumpesto
Pfeffer
50 g Sahne
800 g (4 Stück à 200 g) Hähnchenbrust
3 EL Pflanzenöl

Die Nudeln nach Packungsanleitung in reichlich Salzwassser al dente kochen, abgießen und kalt abschrecken.

Zwiebel und Knoblauch schälen und in feine Würfel schneiden. Die Tomaten waschen, Stielansätze entfernen und grob zerteilen. Den Parmesan auf einer Reibe grob reiben.

100 g Mehl, Eier, Pesto, Salz, Pfeffer und Sahne in einer Schüssel zu einem Teig verrühren. Sobald dieser glatt ist, den Käse unterheben.

Die Hähnchenbrüste waschen, trocken tupfen, schräg in je 2 Teile schneiden und leicht plattieren. Das Öl in einer großen Pfanne erhitzen. Das Fleisch kurz im restlichen Mehl wenden, abklopfen, durch den Teig ziehen und sofort von beiden Seiten goldgelb braten. Sobald das Fleisch fertig ist, auf ein Küchenpapier legen und abtropfen lassen. Das Fleisch im Ofen bei etwa 60 °C Umluft warm halten.

Die Zwiebelwürfel und den Knoblauch in die noch heiße Pfanne geben und anschwitzen. Danach die Tomaten dazugeben und schmelzen lassen. Das Ganze mit Salz und Pfeffer würzen. Die Spaghetti in die Soße geben und unterheben. Dampfend heiß mit den Schnitzeln servieren.

Schweinefleisch eignet sich hervorragend für die schnelle Küche. Es ist zart und, wenn richtig zubereitet, auch richtig saftig. Deshalb gibt es so viele Pfannengerichte vom Schwein, da auch die Zubereitung nur wenige Minuten braucht. Eines meiner Lieblingsessen aus alter Zeit ist dieses Rezept.

Schweinefilet in Gorgonzolasoße

ZUBEREITUNG:
CA. 15 MINUTEN
KOCHZEIT:
CA. 20 MINUTEN

ZUTATEN FÜR 4 PERSONEN:

1 Zwiebel
1 Knoblauchzehe
200 g Gorgonzola
800 g Schweinefilet
2 EL Pflanzenöl
Salz
Pfeffer
200 g Sahne
1 TL Zitronensaft
Muskatnuss
½ Bund Basilikum

Die Zwiebel und den Knoblauch schälen und fein würfeln. Den Käse grob zerschneiden.

Die Silberhaut vom Schweinefilet entfernen und das Fleisch in kleine Medaillons schneiden. Die Filets mit dem Öl in einer heißen Pfanne kurz von beiden Seiten anbraten. Sobald beide Seiten braun gebraten sind, mit Salz und Pfeffer würzen. Das Fleisch aus der Pfanne nehmen und bei 60 °C Umluft im Ofen warm halten.

In der noch heißen Pfanne den Knoblauch anbraten und anschließend die Zwiebel dazugeben. Sobald die Zwiebeln etwas Farbe annehmen, mit Sahne ablöschen und diese kurz einkochen lassen. Anschließend den Gorgonzola dazugeben und in der Soße schmelzen lassen. Das Ganze mit Salz, Pfeffer, etwas Zitronensaft und Muskatnuss abschmecken.

Kurz vor dem Servieren das Basilikum waschen, trocken schütteln, fein schneiden und zur Soße geben. Fleisch und Soße zusammen anrichten und fertig ist das Schweinefilet in Gorgonzolasoße! Ein Kartoffelgratin wäre eine sehr schöne Beilage.

Hier ist nun das wohl schönste Rezept in diesem Buch: der obligatorische Toast Hawaii. Doch sei mir eine kleine Korrektur erlaubt: Man nehme anstatt billigstem gepressten Schinken einen guten Kochschinken und anstatt der übersüßen Dosenananas lieber eine frische Frucht. Oma, verzeih.

Toast Hawaii mit frischer Ananas

ZUBEREITUNG:
CA. 15 MINUTEN
KOCHZEIT:
CA. 5 MINUTEN

ZUTATEN FÜR 4 PERSONEN:

1 Ananas
1 TL Pflanzenöl
4 Scheiben Toast
4 EL Sour Cream
4 Scheiben gekochter Schinken
4 Scheiben Gouda
4 TL Preiselbeeren (aus dem Glas)

Die Ananas schälen, den Strunk (zum Beispiel mit einem Apfelausstecher) entfernen und in dicke Scheiben schneiden.

Den Ofen auf 180 °C vorheizen und die Grillfunktion einschalten. Jetzt die Ananasscheiben mit dem Öl in eine Pfanne geben und anbraten. Sind beide Seiten goldbraun gebraten, sind die Scheiben fertig und können warm gehalten werden.

In der Zwischenzeit den Toast toasten, mit Sour Cream bestreichen, mit dem Schinken belegen und danach die Ananas obendrauf legen. Anschließend noch den Käse darauflegen.

Nun den Toast auf einem Backblech für etwa 5 Minuten in den Ofen geben, bis der Käse schön geschmolzen ist und eine leichte braune Farbe entwickelt hat.

Nun wird der Toast noch mit Preiselbeeren garniert und fertig ist der Toast Hawaii!

TIPP:
Den Käse zweimal auf ein Viertel Größe falten.
So läuft er nicht zu schnell vom Toast.

Süße Ideen

Wir hatten in der Nachbarschaft eine kleine Eisfabrik, welche in einer kleinen Halle Eis produzierte. Dort wurde ich als Kind mit einem Bollerwagen hingeschickt, wenn das Eis an einem Sonntag knapp wurde. Heute ist aus der kleinen Eismanufaktur ein Konzern geworden. Dafür mache ich heute mein Eis immer am Abend vorher selbst.

Vanille-Halbgefrorenes – Parfait ganz einfach

ZUBEREITUNG:
CA. 25 MINUTEN
GEFRIERZEIT:
MIND. 24 STUNDEN

ZUTATEN FÜR
4 PERSONEN:

Für die Vanillesoße:
1 l Milch
1 Vanilleschote
12 Eigelb
150 g Zucker

Für das Parfait:
500 g Sahne

Für die Vanillesoße die Milch in einem Topf erhitzen. Die Vanilleschote der Länge nach aufschneiden, das Mark auskratzen und die Schote und das Mark zur Milch geben. 10 Minuten ziehen lassen.

In der Zwischenzeit die 12 Eigelb und den Zucker zu einer homogenen Masse vermengen und weiß rühren.

Einen guten Schuss von der warmen Milch zur Eiermasse geben, kurz umrühren und dann alles zusammen zurück in den Topf zum Rest der Milch schütten und verrühren. Hierbei darauf achten, dass die Creme nicht mehr kocht, damit das Eigelb nicht stockt. Meistens ist der Topf noch heiß genug und man kann ihn direkt von der Platte nehmen und weiterrühren. Sobald eine cremige Konsistenz erreicht ist, die Soße durch ein Sieb abgießen, um die Vanilleschote und grobe Stücke herauszufiltern.

Die so entstandene Vanillesoße auf Eiswasser kalt rühren. Die Sahne aufschlagen und anschließend die Vanillesoße nur leicht unterheben. Das ist wichtig, damit die Sahne nicht an Luftigkeit verliert.

Die Masse in ein gefrierfestes Gefäß geben und für mindestens 24 Stunden in die Tiefkühltruhe stellen.

TIPP:

Beim Aufschneiden des Parfaits knistern die Eiskristalle. Daher der Name »Halbgefrorenes«. Das Parfait nach Belieben mit heißen Kirschen servieren.

Oma war mehr Bäckerin als Köchin und ihre Käsesahnetorte und die Apfeltorte werden oft vermisst. Eines ihrer schönsten Rezepte war im Winter auch dieses Schmalzgebäck in einer Tüte mit viel Puderzucker.

Schmalzgebäck wie vom Weihnachtsmarkt

ZUBEREITUNG: CA. 30 MINUTEN
BACKZEIT: CA. 15 MINUTEN

ZUTATEN FÜR 4 PERSONEN:

200 ml Milch
½ Würfel frische Hefe
150 g Zucker
500 g Mehl plus mehr zum Arbeiten
2 Eier
30 g Butter
1 Pck. Lebkuchengewürz
Puderzucker
1 l Pflanzenöl zum Frittieren
Fritteuse (nach Belieben)

Die Milch auf etwa 30 °C erwärmen und die Hefe mit 75 g Zucker in die warme Milch geben, umrühren und für etwa 15 Minuten stehen lassen, bis die Hefe deutlich arbeitet und sich Schaum bildet.

Das Mehl, den restlichen Zucker, Eier, Butter, Lebkuchengewürz und die Milch-Hefe-Mischung zu einem Teig kneten. Am besten geht das mit der Küchenmaschine. Den Teig mit einem feuchten Tuch abdecken und für 15 Minuten bei maximal 40 °C in den Ofen stellen.

Den Teig dann auf einer bemehlten Arbeitsfläche etwa 1 cm dick ausrollen und in gleichmäßige Rauten schneiden (etwa 2 × 2 cm). Das geht sehr gut mit einem Pizzaschneider.

Die Stücke in einer Fritteuse oder in einem hohen Topf bei 170 °C goldgelb ausbacken, auf Küchenpapier abtropfen lassen und mit Puderzucker bestreuen.

Fertig ist das Schmalzgebäck!

Wie schon oft geschrieben, hatten Oma und Opa immer viel Arbeit und das Restaurant hatte vor Allem Vorrang. Aber dienstags war Ruhetag und da gab es oft schöne Dinge im Kreise der Familie. Dieses einfache und schnelle Rezept liebe ich noch heute.

Arme Ritter

ZUBEREITUNG:
CA. 20 MINUTEN
KOCHZEIT:
CA. 10 MINUTEN

ZUTATEN FÜR 4 PERSONEN:

3 Toast
40 g Zucker
3 Eier
1 TL Vanilleextrakt
150 ml Milch
20 g Butter
Vanillesoße zum Servieren (siehe Seite 118)
1 EL Zimt-Zucker-Mischung

Den Toast dritteln und so in breite Streifen schneiden. Den Zucker, die Eier und das Vanilleextrakt in die Milch geben und gut verrühren. Diese Mischung über die Toastbrotscheiben gießen und für etwa 15 Minuten stehen lassen, damit sich der Toast vollsaugen kann.

Die Toastscheiben jetzt in einer Pfanne mit etwas Butter von beiden Seiten goldgelb braten.

Den Toast mit Vanillesoße (siehe Rezept auf Seite 118) anrichten, mit Zimt und Zucker bestreuen und fertig ist der arme Ritter.

TIPP:
Die Toastscheiben beim Braten erst drehen, wenn sich an der Seite schon etwas Farbe entwickelt hat.

Ich habe dieses Dessert bei Oma nur ein einziges Mal gesehen, und zwar anlässlich einer großen Gesellschaft als Abschluss des Menüs. Es wurde ausgewählt, weil man dieses Dessert so einfach vorbereiten kann. Gern schon einen Tag vor dem eigentlichen Essen. Und dann nur noch schnell anrichten.

Grapefruitsalat in Campari-Gelee

ZUBEREITUNG:
CA. 30 MINUTEN
KÜHLZEIT:
CA. 1 STUNDE

ZUTATEN FÜR 4 PERSONEN:

6 Blatt Gelatine
8 Grapefruits
etwas Orangensaft (möglichst frisch gepresst)
Campari (nach Geschmack)
Zucker (nach Belieben)
Schlagsahne (nach Belieben)

Die Gelatine in kaltem Wasser einweichen. Die Grapefruits oben und unten anschneiden, damit sie fest stehen. Nun die Schale mit einem Messer von oben nach unten entfernen. Dabei darauf achten, dass keine Schalenreste übersehen werden.

Jetzt die einzelnen Segmente der Grapefruit herausschneiden, also die Filets auslösen. Das macht man am besten über einer Schüssel und einem Sieb, damit der Saft nicht verloren geht. Die Reste der Grapefruit noch ausdrücken, damit man keinen Saft verschwendet. Für das Gelee werden 500 ml Grapefruitsaft benötigt. Die fehlende Menge einfach mit Orangensaft auffüllen.

Einen kleinen Teil vom Saft abnehmen und in einem Topf erwärmen. Den Rest des Saftes nach Belieben mit Campari abschmecken. Nach Belieben diesen Teil noch mit Zucker versüßen, falls die Grapefruits etwas zu sauer waren.

Die Gelatine ausdrücken und zum warmen Saft geben, umrühren und den Topf zur Seite stellen. Das darf jetzt nicht mehr kochen. Die Grapefruit-Gelatine-Mischung durch ein Sieb zur Campari-Grapefruit-Mischung geben. Die Filets in Gläser geben und mit der fertigen Campari-Grapefruit-Mischung auffüllen. Wichtig hierbei ist, dass man alles noch mal vorsichtig verrührt.

Die Gläser jetzt, am besten über Nacht, in den Kühlschrank stellen und fest werden lassen. Falls man die Gläser später auf einen Teller stürzen will, kann man sie vorsichtig in warmem Wasser erwärmen, damit das Orangengelee leichter aus dem Glas rutscht. Nach Belieben mit einem Klecks Schlagsahne garnieren.

TIPP:
Falls die Grapefruit zu bitter ist, kann diese auch durch Orangen ersetzt werden.

Dieses Gericht ist ein echter Balsam für die Seele an kalten Tagen. Die Kombination aus den wärmenden säuerlichen Beignets und der süßen Vanillesoße liebe ich noch heute.

Gebackene Beignets von Apfel und Birne auf Vanillesoße

ZUBEREITUNG:
CA. 15 MINUTEN
KOCHZEIT:
CA. 15 MINUTEN

ZUTATEN FÜR 4 PERSONEN

200 g Zucker
1 Pck. Vanillezucker
180 g Mehl
75 ml Milch
75 ml Sahne
2 Eier
500 ml hitzebeständiges Öl
1 Apfel
1 Birne
etwas Mehl zum Bestäuben
1 TL Zimt

150 g Zucker, Vanillezucker und 150 g Mehl in einer Schüssel vermengen. Erst die Milch und dann die Sahne dazugeben und glatt rühren. Anschließend die Eier nach und nach dazugeben und ebenfalls glatt rühren.

Das Öl in einem Topf auf 170 °C erhitzen.

Apfel und Birne schälen, vierteln, entkernen und die Viertel nochmals der Länge nach halbieren. Im restlichen Mehl wenden, abpudern und in den Teig hineingeben.

Mit zwei Gabeln die Stücke aus dem Teig heben, etwas abtropfen lassen und direkt ins heiße Öl geben und goldgelb backen.

Den restlichen Zucker mit dem Zimt vermengen und über die fertigen Beignets streuen. Noch warm mit Vanillesoße servieren!

TIPP:
Die Beignets sollten frei schwimmen, damit sie nicht zusammenkleben. Deshalb in kleineren Mengen frittieren und die fertigen Stücke bei 70 °C Umluft im Backofen warm halten.

Rezeptregister

Zutatenregister

T

V

W

Z

30 Seiten
6,00 € (D) | 6,00 € (A)
ISBN 978-3-7423-2315-6

CALLEkocht

Küchenetiketten für jede Gelegenheit

Für Gläser, Flaschen und vieles mehr

Ob für das Beschriften eingefrorener Lebensmittel, selbst gemachter Marmelade oder von Getränken: Küchenetiketten sind eine große Hilfe in jedem Haushalt – wenn sie doch nur nicht so langweilig aussehen würden! Hier schafft der erfolgreiche YouTuber *CALLEkocht* zum Glück Abhilfe. Das farbige Design und die verschiedenen Größen der insgesamt 80 Aufkleber machen sie zu einem echten Hingucker in der Küche und vereinfachen das Beschriften von Behältnissen um ein Vielfaches.

riva

Bibliografische Information der Deutschen Nationalbibliothek
Die Deutsche Nationalbibliothek verzeichnet diese Publikation in der Deutschen Nationalbibliografie. Detaillierte bibliografische Daten sind im Internet über http://dnb.d-nb.de abrufbar.

Für Fragen und Anregungen
info@rivaverlag.de

Wichtiger Hinweis
Ausschließlich zum Zweck der besseren Lesbarkeit wurde auf eine genderspezifische Schreibweise sowie eine Mehrfachbezeichnung verzichtet. Alle personenbezogenen Bezeichnungen sind somit geschlechtsneutral zu verstehen.

Originalausgabe
2. Auflage 2023

Türkenstraße 89
80799 München
Tel.: 089 651285-0
Fax: 089 652096

Redaktion: Sarah Holzwarth
Umschlaggestaltung: Isabella Dorsch
Umschlagabbildung: Stephanie Just, Sascha Koglin – SeventysixMedia
Abbildungen Innenteil: S.4, 6, 8, 18, 36, 62, 72, 108, 121: Sascha Koglin – SeventysixMedia;
alle anderen Abbildungen: Stephanie Just; Hintergrund/Rahmen: imnoom/Shutterstock.com, Backgroundy/Shutterstock.com
Satz: inpunkt[w]o, Haiger (www.inpunktwo.de)
Druck: Firmengruppe APPL, aprinta Druck, Wemding
Printed in Germany

ISBN Print 978-3-7423-2320-0
ISBN E-Book (PDF) 978-3-7453-2110-4
ISBN E-Book (EPUB, Mobi) 978-3 -7453-2111-1